郭鹏 ◎ 著

年轻化

N世代品牌爆发式增长法则

机械工业出版社
CHINA MACHINE PRESS

本书从年轻化这一品牌发展趋势入手,通过阐释什么是年轻化、为什么要年轻化、年轻化如何定位、如何做好年轻化包装、如何进行年轻化营销等,全面而翔实地为读者展示品牌年轻化的未来,以及如何落地实施年轻化。

本书作者通过大量的案例拆解、翔实的大数据报告,以及可操作的策略与方法,教授读者成功打造和运营年轻化品牌,打造市场爆品,赢得市场未来。

图书在版编目(CIP)数据

年轻化:Z世代品牌爆发式增长法则 / 郭鹏著. -- 北京:机械工业出版社,2021.5(2025.4重印)
ISBN 978-7-111-68094-9

Ⅰ.①年… Ⅱ.①郭… Ⅲ.①品牌营销 Ⅳ.①F713.3

中国版本图书馆CIP数据核字(2021)第078213号

机械工业出版社(北京市百万庄大街22号 邮政编码100037)
策划编辑:解文涛　　责任编辑:解文涛　蔡欣欣
责任校对:李　伟　　责任印制:孙　炜
北京联兴盛业印刷股份有限公司印刷

2025年4月第1版第6次印刷
170mm×230mm・17.75印张・1插页・250千字
标准书号:ISBN 978-7-111-68094-9
定价:88.00元

电话服务　　　　　　　　网络服务
客服电话:010-88361066　　机 工 官 网:www.cmpbook.com
　　　　　010-88379833　　机 工 官 博:weibo.com/cmp1952
　　　　　010-68326294　　金 书 网:www.golden-book.com
封底无防伪标均为盗版　机工教育服务网:www.cmpedu.com

前言

随着新国潮、新国货的崛起，消费市场的变化，以及新消费势力成为市场主力，年轻一代对市场有了更多的话语权。年轻一代喜欢新鲜，爱好创新，对审美有着极高的要求，对社交及消费情绪有更多的诉求，他们自信、时尚、充满创意，而且他们也逐渐成为市场消费的主力军，这就决定了消费市场必须迎合这一变化，从根本上创造出适合新消费者的年轻化品牌与产品。

所谓新国潮，一般认为起源于2018年中国本土品牌"李宁"在纽约时装周上的亮相。纽约时装周是世界"四大时装周"之一，每年的纽约时装周都会引发一轮全球最新的穿衣时尚。"李宁"充满中国元素的服装一亮相，就刮起了世界范围内的中国风潮，而国内年轻消费者逐渐把穿中国品牌作为一名"潮人"的标配。诸多品牌看到这样的机会，纷纷参与到了"中国风"的潮流当中，新国潮因此而起。新国潮有四个衡量标准，分别是：①是否有强烈的东方美学情调和中国文化底蕴；②是否有广泛的消费基础，产品功能和消费体验是否能让消费者养成某种习惯；③是否有品质优异的良好口碑；④品牌形象是否引领时尚，顺应时代的审美。

新国货，一般意义上是指在我国本土生产、属于我国企业的产品，这些产品有新的品牌，也有一些传统品牌，但必须能满足当下消费者的消费体验和需求。新国货有三个衡量标准，分别是：①新审美，是否符合新一代消费者的审美；②新技术，是否应用新的技术提升了行业服务效率；③新连接，是否用新的连接方式触达和服务消费者。

而对于新消费势力，并没有权威的解释，本书中指的是在新国货、新国潮当中成长起来的、注重消费体验、渴望与众不同并拥有一定财富支配权的新消费群体。这个群体包括刚刚有消费自主权的年轻一代，也包括已经组建家庭、有新国货消费需求的80后、90后消费群体。

新国潮、新国货的兴起，根本原因是新消费主义的崛起，年轻消费者已经具备了跟上一代人完全不同的消费观念和消费诉求，他们正逐步成为品牌追逐的目标。在美国，人们习惯于把不同时代的人按照 X、Y、Z 世代划分。对应到国内，X 世代指的是出生于 1965 年到 1980 年的人群，Y 世代指的是出生于 1981 年到 1994 年的人群，而 Z 世代指的是出生于 1995 年到 2009 年的人群。

作为"新新人类"，Z 世代伴随着互联网、移动互联网的成长而成长；他们出生的时候，中国经济就呈现出爆发式的增长；他们消费的时候，已经脱离了单纯的物质需求，转而追求新奇、与众不同以及充满话题感的商品。在 Z 世代眼中，消费商品不是消费商品物质本身，而是消费商品带来的体验与内容。

这种消费需求，已经极大颠覆了 X 世代、Y 世代的消费模式。传统品牌和厂商突然发现，他们屡试不爽的营销方式和策略，在 Z 世代身上已经失灵了。

而新国货、新国潮的崛起，5G 时代的到来，正顺应了 Z 世代的消费诉求。他们爱国，也喜欢网红产品，他们已经与网络密不可分，所以在消费的时候，必然要分享、要发朋友圈、要向朋友推荐……

年轻化，不是单纯产品包装的年轻化，它指的是从外包装形象到产品内容再到体验逻辑的重构。年轻化品牌带来的是对内容的消费，所以产品也变成了内容的一部分；年轻化品牌带来的是分享与种草，所以产品的营销逻辑就不再是单向的输出。年轻消费者在改变产品逻辑和商业规则，而产品和商业市场也在探索年轻消费者的真实诉求。

年轻化也不是一股浪潮，因为在每个时代，都会出现老一代消费者与新一代消费者并存的局面，而掌握风向的往往都是消费需求最旺盛的新一代消费者。所以每个时代都需要品牌年轻化。

本书正是基于这样的理念和逻辑，通过对 Z 世代消费者需求的拆解，复盘了那些已经成功的年轻化品牌，抽丝剥茧，从中找出它们生产、营销、升级、获取流量、种草的逻辑与方法，全面呈现给读者。

对于创业者来说，在这本书里能找到创业的突破口；对于想转型升级的企业家来说，在这本书里能发现产品升级、流量爆破的方法；对于传统品牌主来说，这在本书里能找到品牌年轻化的路径；对于年轻的品牌主来说，在这本书中能看到网红品牌爆发的路径，可以借鉴学习；对于年轻化研究爱好者来说，本书提供了新的思考和理解方式。

书中若有纰漏，请广大读者斧正，不胜感激！

目录

前言

第 1 章　时代造就新阶层，品牌就是要年轻　　1

　　01　消费市场发生新变化，品牌先知道　　3
　　02　种草一代，引领新的消费逻辑与潮流　　10
　　03　Z 世代发生新变化，品牌如何改变和参与　　14
　　04　Z 世代的六大价值观如何影响品牌发展　　19
　　05　为什么品牌必须年轻化　　25
　　案例拆解：喜茶风靡的背后　　31
　　案例拆解："多燕瘦"的品牌升级之路　　35

第 2 章　新国货品牌崛起，消费路径的缩短与重构　　37

　　01　新国货崛起，消费者是如何自我驱动与创新的　　39
　　02　品牌消费路径是如何被缩短与重构的　　44
　　03　新国货小众品牌的五大标准　　52
　　04　新消费人群、新技术与新渠道　　60
　　05　从流量时代到内容时代，场景如何变化　　68
　　案例拆解：KKV 的年轻化品牌基因　　71
　　案例拆解：俞文清燕窝水的突围之路　　76
　　案例拆解：超级猩猩健身的魔力究竟在哪里　　77

第 3 章　小众品牌正当时，品牌如何逆袭为王　81

01　所谓小众品牌，是你眼里的小众吗　83
02　小众品牌与传统品牌哪里不一样　86
03　个性主义驱动的消费群体，需要什么样的小众品牌　93
04　Z 世代的消费态度如何影响品牌发展　97
05　时尚与偶像经济，驱动品牌发展　101
案例拆解：三只松鼠是如何拿下年轻消费者的　104
案例拆解：Milkdog 的诞生　108
案例拆解：解密完美日记爆红的成长逻辑　109

第 4 章　品牌年轻化落地的三大逻辑与四大策略　113

01　品牌年轻化落地的三大逻辑　115
02　品牌年轻化落地的四大策略　119
03　品牌年轻化落地的路径与方法　123
04　品牌年轻化的跨界与出圈　126
案例拆解：元气森林火起来的秘密　130
案例拆解：豌豆公主　135
案例拆解：拉面说的爆发之路　137

第 5 章　品牌年轻化如何精准定位客群与产品　141

01　品牌年轻化如何精准定位客群　143
02　品牌年轻化如何精准定位包装设计　147
03　品牌年轻化如何精准定位营销渠道　151
04　品牌年轻化如何精准定位产品价值　156
05　品牌年轻化如何精准定位供应链　160
案例拆解：详解"三顿半"咖啡的爆红之路　163
案例拆解：揭秘小奥汀如何对标花西子与完美日记　167

第 6 章　小众品牌如何引爆流量，落地渠道　169

01　如何构建数字社交矩阵　171
02　品质健康优等与供应链稳定安全的构建策略　175
03　个性化体验感与开箱惊喜引爆传播策略　179

04	如何借助头部力量抢占流量	182
05	私域流量的打造与使用策略	185
06	种草营销	189
07	对标全世界，重塑经典策略	194
08	玩跨界，丰富细节策略	198

案例拆解：花西子是如何成为时尚彩妆品牌的　　201

案例拆解：新品牌，年轻化，解析自嗨锅爆发的秘诀　　206

第 7 章　圈层消费大爆发，品牌如何进行全域营销　　211

01	消费圈层划分明显，圈层差异化特质决定品牌策略	213
02	如何合理利用圈层购物与种草消费特性进行营销	223
03	基于圈层的广告投放与明星/KOL 触达策略	227
04	私域流量如何突破圈层，引爆传播	232
05	短视频直播的营销机会与策略	236

案例拆解：圣都装饰如何打造标杆品牌　　240

案例拆解：谁年轻，谁靠谱——看 ffit8 代餐蛋白棒的破圈之路　　243

第 8 章　Z 世代的社交习惯与购物法则影响品牌的未来　　245

01	社交电商成为 Z 世代生活中不可或缺的要素	247
02	线上社交与宅经济共同影响消费习惯	252
03	火星式社交的宝藏男孩与女孩影响品牌传播与消费模式	257
04	年轻化是生活方式与内容诉求的集合体	261

案例拆解：解读王饱饱品牌的登顶之路　　265

案例拆解：开创传统中的潮流，看 Ubras 的崛起之路　　269

案例拆解：重塑产品美学，usmile 如何美到爆　　271

后记：年轻化正当时，我们都在路上　　273

第 1 章

时代造就新阶层，品牌就是要年轻

经过多年的蓬勃发展，中国已成为世界第二大经济体、拉动世界经济增长的第一贡献国。2020年上半年，尽管遭遇了种种不确定因素，但到下半年，消费增速显著回升。据权威人士预测，2020年中国消费市场规模将达到45万亿元，成为全球第一大消费市场。特别是年轻消费市场，迸发出强劲的活力。

新旧交替的号角吹起，商业竞技场灯火明亮、掌声雷动。旌旗开展之处，品牌的争霸鸣锣上演。人们有理由相信，无论故事的走向如何，商业女神许诺的胜利桂冠必然属于年轻化一代。

01 消费市场发生新变化，品牌先知道

周末，你结束工作，走进上海最好的酒吧。窗外夜幕渐垂，灯光变得温柔，音乐响起时，你啜一杯莫吉托，金黄色的淡朗姆酒货真价实，来自古巴。

你舒服地咂咂嘴，点击手机屏幕，随之跳出熟悉的抖音界面，它来自北京的字节跳动。打开视频号，看到了朋友们的日常生活。打开小红书，看到了你关注的达人正在种草。

今晚的酒，让你想起上次从京东购买的海鲜。你停在广东渔民的直播界面，他操着当地口音，舞弄着手中的锅铲，煎好了平底锅里的龙舌鱼，香气隔着屏幕传到你面前，你不由自主地分享给正在南京出差的女友："国庆节咱们去广东旅游吧。"

"好的！"女友发来调皮的表情，"你现在就订机票！"

短短几分钟，你完成了跨国界、跨时空、跨平台的消费。技术的伟大力量，让你跨越千百年来横亘在人类面前的障碍，而你早已习以为常，很难意识到这一切有多神奇。

但品牌知道这些变化。

随着社会阶层和人口结构的不断演变，移动互联网、智能手机、个性化算法推荐、海量大数据的应用，推动国人的消费生活步入新时代。新的消费行为模式产生了，消费者的心智与行为不断迭代，营销方式与内容的变化异彩纷呈。

这是新的消费时代，也是属于新消费人群的狂欢。

1. 中产阶层的人群背景

在微博和微信朋友圈里，动辄就有人哭喊着"要吃土"。别相信，没那么夸张。

全球中产阶层群体有 11 亿人，其中占比最高的是中国人。2000 年，这个比例为 12.6%，到 2017 年已高达 35%。据预测，到 2022 年，全球中产阶层群体将超过 12 亿人，中国人在其中的比例将升至 40%。㊀

AC 尼尔森公司㊁ 曾发布过针对中产阶层的调查报告。报告显示，中产阶层的购买意愿实际上比高收入者更强，对如何花钱也更为挑剔。他们既注重消费的结果和品质，也关注个性的服务体验，包括场景感、仪式感、尊贵感等。中产阶层通过消费追求自我生活感受，也满足家庭基本生活需求。他们对消费的看法并非单纯的"买买买"，而是借此获得身份标签，以拥有某种物品和经历，成为拥有特定身份的人。

在我国，中产阶层成员数量的扩大，与城市化进程、消费渠道扩张、品牌全方位熏陶几乎同步发生。中产阶层意识的觉醒，使消费不再专属于个别群体和独特场景。消费者打破了年龄和性别界限，跨越了时空界限，"全民消费"时代已到来。

例如，社会进步促使中产阶层男性的社会身份日益多元，他们对非必需物质的追求不断增加。无论线上还是线下，男性消费者大大增加，消费种类也更加多元化。在护肤品市场上，男性消费品的消费增幅逐年增加，早已超过了总体增幅。生活在城市里的中产阶级年轻男性（出生于 20 世纪 80—90 年代），早在大学及以前就养成了护肤习惯，成为线上男性护肤品的主要消费者。2019 年以来，95 后男士更是超越 90 后，成为线上男士护肤市场的第一大消费主力。

图 1-1 是 2017—2019 年线上男士护肤品 90 后与 95 后的消费占比。

㊀ 瑞士信贷银行《2017 全球财富报告》。
㊁ 荷兰 VNU 集团下属公司，是领导全球的市场研究公司，在全球超过 100 个国家提供市场动态、消费行为、传统和新兴媒体监测及分析。

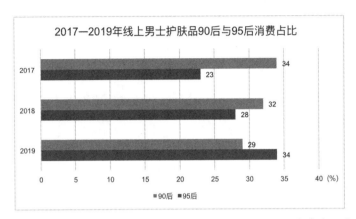

图 1-1　2017-2019 年线上男士护肤品 90 后与 95 后消费占比㊀

城市年轻男士对护肤品的消费倾向,与其成长环境密不可分。这群人有良好的原生家庭经济基础,联系紧密的社交圈子,同时也有快捷的信息渠道、丰富的娱乐方式。他们翻阅男性时尚杂志,关注自身形象,也愿意付钱打理发型和衣着,他们出入健身会所和各类俱乐部……护肤品消费只是这些消费的基本组成部分。

中产阶层女性也成为新的消费人群。随着时代发展,女性的社会地位、职业收入、家庭地位、自我意识不断提升,她们在家庭消费中的角色日益重要。在此背景下,女性在服饰、珠宝、化妆品等传统消费领域依旧表现强势,而在家居、日用、食品、电器、育儿等领域,也掀起女性消费浪潮。据统计,女性购买服饰、化妆品的话语权均为 88%,购买家居用品的话语权为 85%,休闲旅游的话语权为 84%,母婴产品的话语权为 69%。㊁ 同为中产阶层,年轻女性的消费潜力似乎更大。如果说得夸张一些,在一个家庭中,女性才是家庭消费内容和消费方式的决策者,不论是家人的衣服、食物,还是孩子的生活消费,女性都拥有极大的话语权。品牌如果能影响拥有话语权的女性,自然就影响了整个家庭的消费走向。

中产阶层的扩大成就了新的消费背景。融入新零售时代的数字技术后,消费群体的圈层化呼之欲出。

㊀ 智研咨询《2020-2026 年中国男性护肤品行业市场消费调查及经营模式分析报告》。
㊁ 阿里研究院《2016 女性财富管理报告》,有删改。

2. 圈层化人群划分

中产阶层是个宽泛的概念。中产阶层消费者，也同样是个松散的群体。然而，当他们遇到移动网络的社交工具、电商平台、个性推荐和信息共享技术后，就呈现出明显的圈层化特征。

如今的消费人群，喜欢个性化的生活方式，有更多个性化的消费需求。这些个性化需求通过移动互联网工具连接，形成了众多细小的"圈子"和"层级"。先进的数字技术，将重新分类和聚集社会经济各元素，让新消费者喜欢和有共同特征的人群打交道。

图 1-2 是消费者圈层化示例。

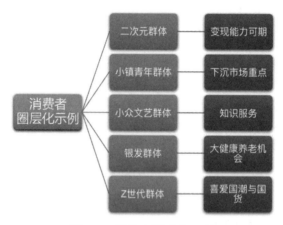

图 1-2 消费者圈层化示例

图 1-2 列举出不同的消费圈层，消费者很可能被划进其中的一个或多个，并获得某种共性特征。图中的每个消费圈层，都代表着有相似标签的人群。但从群内成员个体的角度来看，标签相似，并不一定代表身份相似。

二次元群体消费者喜爱非写实艺术内容，如动画、漫画、游戏等表现形式，是

cosplay、漫展、舞台剧、动漫音乐、虚拟偶像、动漫游戏等产品的主力消费者。在该圈层内，男女比例较平均，男性占比略高，多为95后、00后。该圈层消费者以学生为主，尽管他们月均收入较低，但受圈层影响很大，付费意愿强烈。

圈层还会重新定义消费者之间的关系与影响力。

小王出生于2002年，来自安徽北部某县城，就读于上海的一所二本高校。

小王喜欢动漫，参加了学校的兴趣社团，当社团集体参加漫展时，她的消费行为被二次元圈层所影响。当她放暑假回到家中，和家里的老同学们去镇上吃烧烤时，她的消费行为被小镇青年圈层所影响。而当小王毕业后留在上海工作，就有很大概率进入城市Z世代群体⊖消费圈层。

外婆抚养小王成长，二人关系很好。不过外婆看不懂小王的漫画，也不太关心，她更喜欢看电视上的生活购物频道。小王劝她消费要谨慎，但外婆满脸"你不懂"的神情。双方虽有血脉亲情，但绝大部分时间内却处于不同的消费圈层。

在新时代里，消费者既不只代表个人，也不等同于普通大众，更不能单纯以家庭划分。他们从圈层出发，奔赴品牌的盛宴，也必将不同体验带回圈层。

3. 年轻化的人群结构

有越来越多的产品品类，对年轻消费者的依赖正在加深。全社会消费人群的整体结构，也开始偏向于年轻化。

在传统印象中，酒水的主力消费者属于中老年人。但2020年"618"期间，电商销售平台的数据对这一观点给出颠覆性回击。

数据表明，在天猫平台，95后消费者购买酒水同比增长170%，平均成交额度在

⊖ Z世代最初是美国及欧洲的流行用语，意指在1995-2009年出生的人，又称网络世代、互联网世代，指受到互联网、即时通信、智能手机和平板电脑等科技产物影响很大的一代人。

300元以上，同比增长60%。在京东，95后消费者成交额同比增长超250%。⊖ 显然，90后即将接过80后手中的酒杯，成为酒类产品的消费主力人群。酒水消费者结构日趋年轻化。

95后的积极消费倾向不仅限于自身，更由其出生背景所决定。他们成长于经济和互联网信息技术高速发展的时代，社会人口出生率不断下降，人均GNI⊜ 高于80后、90后，享受着更高的成长红利和更充足的资源。

95后、00后消费人群扮演着越来越重要的主力角色。艾瑞咨询2018年的调研数据结果显示，25%的电商客户为95后，63.9%的受访95后每天使用电商平台，10%的受访95后每天都网购下单。

消费人群的年轻化不仅体现在结构变化上，还表现在消费习惯的传承上。

在《圈层效应》一书中，作者分享了一个看似平常的家庭故事。一名两岁的女孩茉莉亚，与其他38%的美国儿童一样，经常使用平板电脑。茉莉亚使用的是iPad，并将它命名为"拍拍"。茉莉亚最喜欢在"拍拍"上玩卡片配对游戏，她只要触摸屏幕，卡片就会翻动，以找到配对图片。当配对成功时，她会兴奋地大笑。

父母为茉莉亚找到新玩具，那是一套纸质实体配对游戏卡。当母亲在茉莉亚面前摆放游戏卡时，她开心地拍起手来。但当卡片整齐地放好后，她伸出手拍打卡片，但卡片翻不动。茉莉亚非常困惑，她更为用力地拍卡片，直到卡片全部乱掉。

在茉莉亚看来，这套纸质版卡片一定是坏了的"拍拍"。

这不仅仅是一件育儿趣事，也诠释着现代消费人群结构的重大变化。对这个两岁的女孩来说，所有物体都应具备某种能和人类互动的智能处理能力，如果不具备，就是它们坏掉了。

茉莉亚并不永远是小孩。用不了十年，她就会在家庭的消费话题中有一定的话

⊖ 《南方都市报》，年轻人越来越爱"喝酒"？消费数据显示：酒水消费年轻化趋势迅猛，2020年6月。
⊜ 人均国民总收入，是指国民总收入除以年均人口，与人均国民生产总值（GNP）相等，与人均国内生产总值（GDP）大致相当。

语权。十几年后,她就会成为独立消费者。同样的事情也在许多中国家庭中上演,千百万正在成长起来的孩子,正浸润在 95 后营造的消费文化中,接受着他们的熏陶。这些孩子将成为客户、员工、社会舆论支柱、政府部门监管者和企业领导,他们将让品牌所处的环境变得日新月异。

未来已来。观察新时代下的消费人群,深度理解他们的心智逻辑,品牌方能在更新中获得持续的生命力。

02 种草一代，引领新的消费逻辑与潮流

Z世代是移动互联网的原住民，他们早于父母来到互联网这片新大陆，领略到荒无人烟的数字草原上，那摄人心魄的便利与"美景"。他们在那里纵情奔跑，因此比长辈更习惯网络语言、分享思维和自我展示，也更容易形成小众化的圈层内传播。

Z世代乐于分享，也习惯于在分享中产生消费，因此成为种草一代。

1. 种草，无关年龄和角色

种草是网络流行语，源自"想念到心上长草"，意为认可某一商品的优秀品质并予以推荐，以激发他人购买欲望的行为。这种行为最初并非源于商业意图，更不是有组织的广告宣传，而是消费者希望成为圈层社交核心而产生的主动分享意愿。

早在传统互联网时期，种草一词就频繁出现在美妆社区和论坛。随着Z世代的崛起，它大量扩散到微博、微信等社交媒体平台。种草代表了一系列消费行为，与之关联的还包括"拔草""自生草""草族"等系列词语。这些词语并没有规范性用法，完全根据社交和消费情境而定。

图1-3是种草行为的四种主要形态。

图1-3 种草行为的四种主要形态

圈层群体内种草行为频繁发生，促成了网络社交媒体上大量意见领袖的诞生。他们在不同的圈层内，掌握着消费方向的话语权。这种话语权，与其自身年龄、社会角色并无直接关系。

杨生，38岁，小公司总裁，经过多年积累，事业蒸蒸日上。每周日晚上，他都准时出现在一款足球游戏的玩家微信群中，毕恭毕敬地请教群主小萌："群主，这周的抽卡活动，能参加吗？估计要抽多少钱的卡才能拿到时刻传奇卡？"

小萌简洁地发来一行字："不清楚，到晚上看群里通知，最好提前充值。"

"是的，明白！"杨生态度谦逊诚恳，全然不在乎小萌今年只有19岁，连进他公司实习的资格都没有。毕竟，小萌拿过这款足球游戏的全国锦标赛亚军，抽卡的纪录在圈内赫赫有名。

杨生没有其他爱好，除了工作和家庭，他最大的乐趣就是在游戏里消费，获得新的乐趣。他很难从喝茶、钓鱼、盘手串的同龄人那里得到有效的消费指导意见，但借助小萌的指导，他的每一元钱都花得心服口服。

种草一代影响的不只是年轻人。十年来，无数家庭内部的消费决策者发生改变。过去，母亲去农贸菜场负责采购食材，但今天的95后从生鲜电商平台带来的产品，让年过五十的父母感叹"真香"。以前那些带着95后去电影院看大片的人，现在每逢父亲节、母亲节，反而会收到95后为他们发去的电子版影票。更不用说在家用电器、化妆品、文体、娱乐、旅游这些消费领域，95后正发挥着越来越重要的影响力。

从社会传播学的角度看，种草是一种主动追求分享与接纳消费信息的过程，这一过程追求的核心是消费体验，而非社会角色，更与年龄关系不大。因此，最擅长移动互联网信息传播的Z世代，在种草营销体系中占有无可比拟的巨大优势。

2. 种草，创新连接线上线下

当种草从个体自发行为变为品牌推广行为后，呈现出反传统的特征。无论在线上还是线下，种草都变得更加创新、更具颠覆能力。

2020年4月，"小朱配琦"组合诞生，央视主持人朱广权与销售主播李佳琦组成网友口中的神仙组合。面对摄像头，他们一边吟着"烟笼寒水月笼沙，不止东湖与樱花"，一边喊着"买它"，推广湖北商品。即便人人都知道这种明星种草是商业行为，但依然在短暂的直播时间内，打造了1091万人观看、1.6亿次点赞和4014万元销售额的业绩。

种草改变的不只是线上消费。2019年岁末，在浦东新区世纪汇广场，地理学家咖啡店正式营业。这家店凭借鲜明的装修风格和正宗的产品特质，吸引了不少客户。随后，特殊情况突如其来，该店被迫停业。但种草却让它始终门庭若市。在"小红书"社区上，许多闭门不出的95后在网上传播手机存图，将"草"种入消费者心中，甚至很多人每天打电话给世纪汇，催促他们赶紧开门。3月13日，咖啡店重新开业，人气恢复极快，一个月内就恢复到刚开业时的水平。

曾几何时，线上到线下的营销之路犹如天堑，但95后的种草习惯打通了口碑的成长之路，使之成为充满诱惑力的坦途。现代营销学专家菲利普·科特勒曾表示："如果消费者在购物过程中使用了社交媒体,那么他购买商品的可能性将增加29%,并且使用社交媒体的消费者比不使用的人会花更多的钱。"年轻人之间的社交行为,已不再受单纯的内容传播和情感影响,而是随时随地能动手"种草"的广大营销平台。

对于品牌营销而言,种草消费实际上是借助移动互联网的社交、娱乐等新模式,通过深入人们生活中的每一条新信息通路,让品牌形象传播和销售相互促进、高度同步。

3. 种草新逻辑

种草消费本质上是消费者购物习惯的改变。从单纯的"人搜货",向先体验分享后消费的形式转变。从个体分享体验到群体消费再到新的个体分享体验形成闭环,新逻辑油然而生。

图1-4是种草行为的闭环流程。

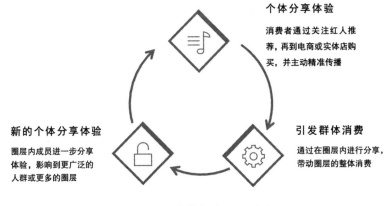

图1-4 种草行为闭环流程

不同的种草闭环蕴藏不同的逻辑。品牌方再也不可能用旧有的理论如"亲情营销""感动营销",去刻板对应新的营销逻辑,他们必须研判每种产品针对的消费人群,寻找能顺利启动种草闭环的密码。

03 Z世代发生新变化，品牌如何改变和参与

不知不觉中，以Z世代为代表的新一代消费者，凭借庞大的人群规模、惊人的成长速度，创造出神奇的消费贡献。品牌想要更好地生存和发展，必须真正看懂这一群体，为他们而改变。

1. Z世代发生新变化

根据国家统计局2018年发布的统计数据，Z世代人数为2.6亿，约占2018年总人口的19%。其中95后人数约为9945万，00后约为8312万，05后约为7995万。

相对于X世代、Y世代，Z世代从生活习惯到消费习惯，处处都充满了与传统人群的不同特点。

Z世代的人群结构与以往不同。Z世代人群的整体出生率呈现出逐渐下降而趋于平稳的走势。

Z世代的勤奋程度趋于两极化。在未满18岁的Z世代人群中，有61.4%的人每天学习和工作时间高于睡眠时间。而18~25岁的Z世代人群中，只有22%的人如此。

Z世代的文娱和消费非常依赖手机。他们每天的手机娱乐平均时长为3.54个小时，其中社交聊天和视频消耗的时长最久，其次则是阅读文学小说和听音乐。⊖

除了数字展现出的不同外，Z世代在生活关注重点和行为驱动上有着鲜明特征。Z世代大多是独生子女，他们的成长过程更需要社交。Z世代将基于腾讯平台的社交

⊖ 内容引自企鹅智库，《2019 Z世代消费力白皮书》，有删改。

称为"扩列",即根据兴趣爱好认识新朋友,扩充社交工具上的好友队列。扩列的理由可能很简单,比如双方都喜欢玩王者荣耀,或者都是肖战的粉丝,那就可以相互"扩列"了。而当"列"与"列"纵横交织时,"圈"就形成了。

对Z世代来说,"入圈"的概念非常重要,其意义不亚于50后、60后所依赖的"单位"属性。在Z世代的交流语境中,问一句"你是哪个粉丝圈的",往往比问一句"你在哪个公司(哪所学校)工作(就读)",更容易拉近彼此的距离。因此,品牌经常需要在社交场景中切入他们的兴趣点,成为他们的"扩列"对象,抢占其消费心理的先机。

2. 新消费主义旗手

新消费主义,是与消费主义有所区别的一个词。消费主义是指导和调节人们在消费方面的行动和关系的原则、思想、愿望、情绪及相应的实践的总称。消费主义把人看作是异化后的"单向度"的人,而新消费主义则强调人才是生活的主宰,人们的消费意愿和决策方式,都与消费主义有明显的区别。场景实验室创始人吴声认为,新消费主义有三个认知:解释、质量和寄托。解释就是指消费者能够自由地对所消费的品牌进行解释,这些解释会形成传播,进而种草其他消费者。而质量不但包含产品的功能,更包括产品的颜值、性价比等。寄托是指新消费主义下的消费者,会把产品作为情感寄托的载体,他们会因为消费同类产品而形成圈层,会形成情感连接等。这些都是传统的消费主义不具备的。

Z世代出生于安定繁荣的时代,中国改革开放40年来的成果,父辈们多年的辛苦打拼,让Z世代拥有了历史上最好的平均家庭经济背景。这使得他们与前辈的不同,集中体现在消费行为上。

受到经济环境和生活习惯的影响,Z世代理所应当地成为新消费主义的旗手。Z世代中既有更具奋斗动力的拼搏者,也有愿意接受平庸的普通人。但他们往往心照不宣地将消费看作彰显存在、体现参与、构建仪式和营造幸福的一种手段。

Z世代引领的新消费主义浪潮呈现出以下趋势:

①更好的消费，而并非更多。

年轻人并不奢望获得尽可能多的消费体验和物质占有，但他们希望在自己感兴趣的领域打造最好的消费过程。他们不仅要购买，还要体验、评测、分享，甚至还要亲自参与产品设计和传播，走到台前幕后去成为品牌内容的一部分。

为了成就更好的消费，Z世代对品牌的理解日趋深入。无论是什么样的消费品，"颜值为王"只是基础，格调和创意才能引起共鸣，而品牌的文化基因则是传播的动力。

同样是外出住酒店，60后普遍看重是否有热水、空调、服务态度；70后大都追求地段、装潢、餐点供应；80后注重安静、温馨、自由放松；而Z世代根本不在乎是什么样的酒店，他们要住的是咖啡厅、书吧、艺术空间、电竞赛场、情侣小窝、宠物之家……这些元素经过设计组合，就能带给Z世代细分圈层人群更好的体验。

Z世代期待获得的不只是酒店，还是一个生活与社交的空间，甚至是一座用来展示自我爱好的博物馆。一旦找到这种更好的体验，他们就会自发形成口碑流量，推动酒店品牌的发展。

②更好的消费来自情感满足，而非单纯的功能满足。

相比历代消费者，Z世代自小接受的感性教育更多，他们更注重内心的滋养，并以不同的感觉来定义自我。因此，每当他们接触到新的消费品牌，就会凭借天生的敏锐感知力，对之进行评价。如果其中的价值观符合自身的情感需要，他们就会选择去感知、消费和体验，最终成为品牌的粉丝，在共鸣中找到作为消费者的价值归属感。

可想而知，如果一个品牌根本就没有展现出特立独行的价值观，也没有精准的价值观形象，在面对Z世代营销时，将会无从发力，无法确定方向。

③Z世代接受心理溢价，对实际高价并不一定买账。

95后之前的具有实力的消费者更喜欢选择外显性的高消费，从一掷千金中获得符号感、仪式感，满足被他人和社会推崇的心理需求。这导致在一定时间内，产品实际价格越高,就越受到这类消费者的欢迎。

在新消费主义下,Z世代越来越认可非显性的消费。他们愿意为品牌故事、产品细节、员工精神和企业文化买单,即便这些因素藏在品牌内涵中,但只要他们内心认可,就愿意接受溢价。他们更喜欢"千金难买心头好",而不是为了"千金一掷博人笑"。

总之,作为支撑消费中坚力量的Z世代,有着更开阔的视野、更开放的心灵,他们对体验和感受的重视远远高于价格本身。

3. 品牌的改变和参与

Z世代对新消费主义的创造性奉行,让他们不会天然地对某种品牌、机构或企业产生信任。相反,他们选择相信自己和好友获取的信息,明确自己想要的消费方向。

Z世代带来的变革,归根结底是数字化时代对消费领域的彻底进占。在消费1.0时代,品牌采取的是以大众为核心的无差别营销;在消费2.0时代,品牌采取的是以不同群体的差异化传播为核心的细分营销;在消费3.0时代,品牌采取的则是以媒体、内容传播、沟通方式为核心的创新营销。

在Z世代全面登场之前,部分依靠传统营销方法,获得很好成绩的品牌对新变革的全面开始尚有怀疑。但5G时代的到来却加速推动消费新时代的到来。这一切虽在意料之外,却在情理之中,体现出需求进阶的必然结果。

在新消费时代,传统品牌没有委屈可诉,没有感情可讲,必须迎接重新洗牌。新崛起的品牌,也将获得与传统大品牌同样的机会,去积极改变和参与。

品牌应意识到自身价值的转变,正在从"物品"转向"符号"。符号不仅代表Z世代的态度,还代表Z世代认可的消费文化,其文化核心是"你消费什么,你就是什么"。

品牌应参与塑造自身内涵,而不是任由Z世代来诠释。品牌要理解消费者的精神密语,看懂互联网上随处可见的特色亚文化内涵。诸如二次元、新国风、"喵星人""丧""宅""佛系""网红"、短视频、游戏、粉丝、爱豆……这些词语的背后，是 Z 世代独有的小众沟通方式，表达出其共同的价值追求。品牌只有融入其中，才能和这些新消费者形成共鸣。

在参与新文化、改变旧内涵的过程中，品牌还应懂得营造迎合 Z 世代需求的消费场景。

江小白洞察了 Z 世代在休闲中的微醺需求，将酒类消费场景从欢饮达旦的"喝大酒"营造为朋友小聚的"喝小酒"，同学聚会、表白成功、各种"小确幸"……这些场景共同构成独特的"小酒文化"。凭借对 Z 世代消费场景的理解、描述和重构，江小白品牌创立不到十年，2019 年销售额达到 30 亿元，并于 2020 年顺利完成了 C 轮投资。

Z 世代对消费精神的新追求，决定了品牌的改变之路。品牌应和简单粗暴的形象输出说再见，让产品价值和娱乐价值、精神价值进行联动与融合，使自身成为 Z 世代的情感传达载体，实现长期稳定的心智植入。

04 Z世代的六大价值观如何影响品牌发展

青年是国家的未来,也是品牌的未来。Z世代人群改变的不只是商业模式,同时也创造出崭新的消费价值观。

早在2016年,波士顿咨询公司就曾通过分析得出结论:到2020年,中国消费市场将达到6.5万亿美元的规模,其中一半以上的消费额都来自95后。面对主流消费群体的强势崛起,只有理解他们的商业逻辑,懂得用价值观的认同去博得他们的喜爱,未来的商业品牌运作才能成功。

图1-5是Z世代的六大价值观,它们将影响品牌的发展方向。

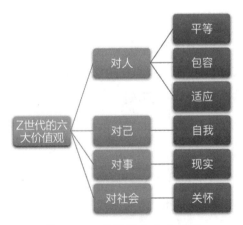

图1-5 Z世代的六大价值观

品牌必须充分解读这六大价值观,吸取其中内涵,构建新的文化并正确表达,彻底融入Z世代的精神世界。

1. 自我、现实、关怀

国家统计局2019年的数据显示，从2004年开始，Z世代人群的增量在逐渐减少，其占人口总数的百分比下降了7%。

与该趋势同步，中国互联网使用人群的结构也有变化。29岁以下的人群占比高达45.5%。同时，在网络的使用频率上，95后和00后客户成为最活跃的人。

基于上述数据，可以为Z世代画出群体肖像，描绘他们的价值观内涵。

和70后、80后相比，Z世代的同龄人在减少，实际的社交对象和空间并没有想象的那么大。充足的时间和精力促使他们将社交行为转移到互联网上，表现出对手机等智能产品的依赖。这样的生活环境使得Z世代渴求被理解、被尊重，他们时而"杠精"，时而"颜控"，时而"文艺"，时而"沮丧"，时而"喜感"。归根结底，无非是在用各种形式表达自我感受。但家庭环境、教育水平和社会环境又使他们不会像20世纪80年代的年轻人那样充满理想主义的浪漫色彩，大多数时间内更为理性客观。

体现在消费上，Z世代非常善于"做功课"。Z世代拒绝接受消费行业长期存在的信息不对称情况，对擅长分析信息的Z世代消费者而言，影响其选择商品的因素已不再局限于营销端，甚至延伸到了研发端。他们会在购买之前，对原材料进行研究分析，会在社交网络上搜集产品测评和客户反馈，还会到电商平台上寻找类似产品进行比较。

Z世代不会只关注品牌知名度和营销话术。他们更在意产品本身，比如性能、实用价值、成分配比等，以此作为判断依据。

在生活中，为求得更多共鸣，Z世代积极运用小众工具和各种"密语"去融入圈子，并以集体对社会的关注，努力呈现出更成熟、更具责任感的形象。近年来，在各类社会热点的舆论发酵中，都有大批Z世代参与，他们通过微博、微信、贴吧、QQ群等表达观点，既展现出积极推动社会进步的正面能量，也可能成为不安定因素。对品牌而言，也同样如此。

想更多借助Z世代的能量，品牌必须看懂他们的个性，适应其特点。品牌应具有更多的观察力，让Z世代感受到更为深刻的亲切感。这样的品牌也往往更容易凸显创意。

国产小众美妆品牌Nono Notes奈玑子通过插画实现品牌形象的人格化，创造出浓厚的生活化形象。该品牌的包装插画是名为"奈奈"的女生形象，每个产品的插画都体现"奈奈"生活的各方面，如化妆、旅行、日光浴等。产品外包装还采用文具类造型，很容易引发年轻消费者对学生时代的回忆。

这些品牌元素无疑是对Z世代消费者强调自我需求的尊重与迎合，也使品牌更容易植入他们的内心。

与此同时，品牌也应了解Z世代务实的一面。虽然每个消费者都喜欢被迎合，但Z世代更希望了解真实情况，而不是听品牌的夸夸其谈。品牌必须像老朋友那样对他们坦诚无私，这样才能得到他们的信任和垂青。

小众护肤品牌"材料跟配方师"采用"配方师签名"的模式开发产品，每个系列的产品均由对应的专业配方师主导，由配方师进行背书，充分体现产品成分的功效性与安全性，满足了Z世代消费者希望了解真实情况的敏感性。

品牌必须走进Z世代的社会角色中，了解和理解他们所感受的一切。品牌应将他们看成独立的个体，将每个人的性格碎片拼在一起，勾勒出完整的消费者形象。因为，Z世代只会和懂他们的品牌"做朋友"，只会选择最合适的品牌表达自己的情感和价值观。

2. 平等、包容、适应

80后对权威依旧仰视，而对品牌的价值观往往是"我喜欢这种价值观"。相反，Z世代则"是我的价值观，我才喜欢"。

Z世代所处的时代已不是强烈中心化的舆论场。Z世代对品牌已成平视的姿态。

他们积极利用社交媒体对舆论进行引导，围绕品牌原有形象进行自我表述。所有品牌投入资源想打造的中心化语境，都被 Z 世代随时随地发出的弹幕、评论击得粉碎。

面对具体品牌形象时，Z 世代可谓不卑不亢。其实，无论在家庭还是职场，他们既不想过度影响他人，也不想被他人所掌控。他们坚持"平等、包容、适应"的原则，并比前辈们更为尊重环境。

Z 世代愿意和父母分享自己的兴趣爱好，他们经常将音乐、视频分享给父母，并不会觉得尴尬，反而很享受其过程。当然，他们也会愿意接受父母的推荐信息，在为之点赞的同时，也在同龄人圈层内部适当调侃，以拉近彼此的距离。Z 世代还会和父母一起创作短视频作品、进行网络消费，并教会他们具体步骤……

在 Z 世代看来，虽然父母和自己有代沟，但这完全是正常的，他们不需要逃避和对抗差异，也不会畏惧父母的权威，而是用各种手段对之弥补。

Z 世代在家庭内的行为模式也投射到其消费过程中，同样影响他们与品牌的关系。他们不再仰视品牌，对于国际化、知名的品牌，以及新生、小众的品牌，他们都有兴趣去接触和了解，都愿意给同样的机会，表现出"平等"的价值观。

对品牌文化中某些固有的特点，尽管与他们的认知与审美有距离，但他们还是轻松地提供充分的心理空间去接受，表现出相当的"包容"。这种包容感扩大到整个圈层文化中，就形成了足够的"适应"氛围，催生出更多心态平和的 Z 世代个体。

总体上看，Z 世代是非常自信的一代，他们相信自己的智商与情商，相信自己能积极适应多样的环境。他们相信成功源于努力，而快乐则来自于健全的人格。因此，他们希望喜欢的品牌文化也能独立、真实和开放，能像客户的朋友，提供帮助和支持。他们不希望看见品牌文化高高在上，对客户耳提面命，自诩不凡。

平等、包容和适应的态度，意味着接受多元性。

品牌在自我形象塑造上，理应运用以下方法，与 Z 世代的价值观表述完美同步。

首先，积极创造 IP⊖ 内容。品牌需要 IP 化，IP 应是市场检验过的客户价值需求，是在情感体验、理性思考之后形成的认同。未来，围绕 IP 的争夺，将成为品牌竞争

⊖ IP，英文为"Intellectual"，其原意为"知识（财产）所有权"，或"智慧（财产）所有权"，也称为智力成果权。

力的焦点之战。

从共同点来看，传统品牌和 IP 化品牌都是符号，都具有特定的辨识度，都需要能与客户的价值观产生连接和共鸣。表 1-1 是传统品牌和 IP 化品牌的差异。

表 1-1 传统品牌和 IP 化品牌的差异

比较项目	传统品牌	IP 化品牌
生产方式	基于产品	基于内容
共鸣位置	客户大脑	客户心灵
连接途径	理性心智	感性价值观
连接成本	高成本	低成本
客户关系	单纯交换	价值共鸣
连接范围	有形	无形

企业需要理解 IP 化品牌和传统品牌的异同点，然后取长补短、相互融合，形成面向 Z 世代的积极品牌营销模式。

其次，企业应打通圈层。Z 世代内部有各种复杂的圈层划分，小到一部电视剧、一位歌手，大到就业、社区、籍贯等，都可以是圈层的核心，并影响圈层内所有人的消费倾向。企业必须把握住相关圈层的共同特征，随时捕捉与品牌文化内涵可能相关的新事物、新观念。这样，品牌才能打通圈层之间的"次元壁"，影响到更多圈层，不断提高在 Z 世代人群内的知名度和吸引力。

最后，品牌应融入 Z 世代的社交圈。Z 世代热衷于社交分享，这一方面给品牌以传播的机会，但另一方面又不断降低品牌犯错的空间，既蕴藏机遇，也存在挑战。因此，品牌应利用一切可能的资源，融入 Z 世代的社交圈，包括产品的"颜值"、创意和科技含量。

"颜值"，是指产品应具有能帮助 Z 世代人群实现社交目标的外在形象，诸如产品工业设计、外形、包装等，都需要有可欣赏性、高辨识度和可传播性，这样才能促使 Z 世代消费人群发现、使用与分享其形象。

创意，不局限于品牌的营销内容，还包括产品设计、营销与技术的结合体验。

科技含量，既应包括产品形式上的创新，也应有在某个技术乃至细节上的突破。

只有具备上述基础因素，品牌才能有效打入 Z 世代的社交圈，成为影响其社交心态和行为的重要因素。

05 为什么品牌必须年轻化

所谓年轻化,在本书中是指在新国货、新国潮、新消费主义下,企业品牌在包装设计、产品质量、营销方式等方面,关注年轻消费者的消费需求,不断创新创造产品,以提供更好的产品与服务的过程。

想象这样的场景:30岁的你穿越时空,回到高中时代。那时你穿过陈旧教学楼内的走廊,几位熟悉的同学,正在谈论着新款运动鞋的价格。你不由自主地停下脚步加入聊天,记下了重要的信息。你打算回家以后,将信息告诉妈妈,央求她能同意给你购买鞋子。你知道这些鞋子不算便宜,但你希望自己看起来更酷、更迎合潮流。

类似场景在今天依然存在,但年轻人追随消费热点的方式变得更多。他们会将注意力放在社交网络上,利用媒体来传播和投射个人影响力。不仅如此,他们还会反过来影响父母和其他家庭成员的购物习惯。身为移动互联网的原住民,他们习惯于接受各种各样的信息,进行过滤、研判、应用、重构与传播。传统的个人、家庭和社会消费模式都如此瓦解着,同样,传统的品牌营销模式也将瓦解,品牌年轻化将是企业必然的选择。

1. 年轻化是社会趋势

作为品牌方,你可能曾认为品牌年轻化意味着找流量明星、网红为品牌背书,或者打造几条时髦的互联网文案，便于口头传播。那么，你显然误解了年轻化。如果你更进一步坚持认为"我的品牌无须年轻化"，那么，你必然小觑了年轻化。

年轻化不是品牌可有可无的选择，也不是品牌外在的、简单的改变。年轻化是整个社会加速进步的趋势，是每个人生活的变化背景，自然也是所有消费心态和行为发生变化的舞台。品牌想发展，就要先生存，而想生存就离不开年轻化。

想象一下，10年之前，有多少中老年人使用智能手机？那时，跳广场舞的阿姨会不会建立微信群来确定活动时间、地点和团购舞蹈服？去菜场的大爷会不会娴熟地掏出手机扫码支付？那时他们又有多少人会通过互联网获得最新最优惠的产品推送？公园里聊天的老人又有多少消息是来自互联网……

今天，这一切自然地发生着。许多人虽然步入老龄化，但他们沟通、生活、消费的效率却在不断提高。可以预见的是，随着70后、80后迈入中老年人群，整个社会的消费心态和行为还会进一步移动互联网化，进一步与社交体系和IP内容相互影响。在不久的将来，不必说品牌之间的长远竞争，即便是想初步建立品牌的影响力，都必须先跟上整个社会的年轻化脚步。

Z世代的意识和能力形成了消费迭代的活力，正如他们的外表与性格特征那样，足以激活整个消费市场的向心力。这股向心力引领消费理念变化，逐渐成为衡量正能量生活的标尺，使越来越多的人群对新事物、新理念保持好奇态度。

品牌不应肤浅地认为，年轻化只是为年轻人服务。须知年龄可以增长迭代，但年轻化趋势一旦启动，势必浩浩荡荡无法被阻止。

2. 年轻化是理性选择

可口可乐的品牌历史至今超过百年，但无论20年前还是现在，这个品牌都努力追求体现潮流感。所谓"潮流感"的具体内容始终在变，但唯一不变的是其制造者——

每个时代的年轻人。

可口可乐的年轻化是其品牌的固有战略，时代发展至今，年轻化是品牌的发展趋势。

诚然，并非所有产品的目标客户群体都是年轻消费者，也并非得到年轻消费者就一定能得到整个市场。对某些产品领域进行分析可以得知，单纯从购买力上来看，年轻消费者未必就一定能超过中年消费群体。但即便如此，品牌年轻化依然是企业的理性选择。

首先，Z世代的社会角色分布广、社交的覆盖面积更大。Z世代对品牌的重要价值不仅表现于当下，也蕴藏在未来。相比阶层固化的中老年人，他们的社会角色可塑性强、选择空间大、变化机会多，通过学习、工作和生活获得的社交舞台也更广阔。这些都非常有利于品牌形象的建设与传播。

图 1-6 是 Z 世代的职业分布比例。

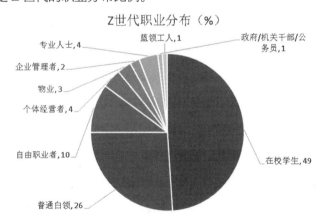

注：相关数据来自网络。

图 1-6 Z 世代职业分布比例

其次，Z世代主导了沟通方式的改变，也同样主导了品牌表达方式的改变。

随着历史发展、人类进步，个体大脑在不断进化。从洞穴绘画、古埃及象形文字、中国书法字体，直到今天的手机触屏技术，其符号交流的本质都是相通的。人们总是渴望视觉交流，人们更愿意相信自己看见的东西。

Z世代也喜欢视觉交流，但他们视觉交流的载体不只有文字，更包括符号、短视频、动画或颜文字等。同时，他们也不只将手机看成辅助载体，而是看作主要的交流载体，并习惯精确控制和多任务处理。想要吸引他们，必须让品牌的整体内容表达方式不断年轻化，让内容不断丰满，吸引更多社会成员的眼球。

3. 年轻化是形势所逼

放眼全球，所有产品领域在近年内都有了不同程度的变化。2020年年初开始的新冠肺炎疫情，使全球经济速度增长进一步变慢，使诸多品牌步履维艰，甚至出现倒闭现象。

以时尚行业为例，2019年宣布退出中国市场的FOEVER21，在退出中国没多久之后就宣布破产。TOPSHOP关闭了英国和爱尔兰的23家商店，以及在美国的所有门店，而之前他们在英国关闭了共200家门店。2020年上半年，ZARA的母公司Inditex亏损1.95亿欧元，计划关闭1000家以上的门店。除此之外，星巴克、达芙妮、施华洛世奇、Gap等多个品牌都出现了裁员闭店潮。

表1-7、图1-8、图1-9是具体数据呈现出的零售业态势，而这些数据还并未覆盖到2020年新冠肺炎疫情之后的市场。

注：数据来源国家统计局。

图1-7 中国服饰鞋帽商品零售数据

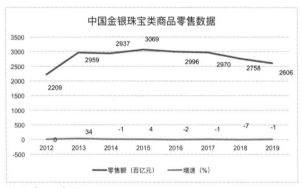

注：数据来源国家统计局。

图1-8 中国金银珠宝类商品零售数据

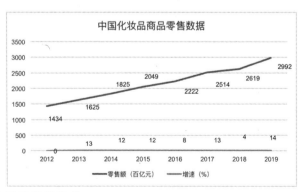

注：数据来源国家统计局。

图1-9 中国化妆品商品零售数据

站在时代的十字路口，观察多个细分市场和地区，我们会发现消费品品牌的前景并不乐观。未来一段时间内，人们依然需要担心如何应对全球经济的波动性、不确定性和突发变化。为此，品牌必须通过年轻化转变寻找新机会。年轻化一旦成功，会为品牌注入新的文化内涵，带来新的客户人群，从而帮助品牌在重压中寻找新生。年轻化将带来新的消费人群，帮助企业获得启示，以降低原有环境中的风险。

图 1-10 是年轻化消费态度带给品牌的启示。

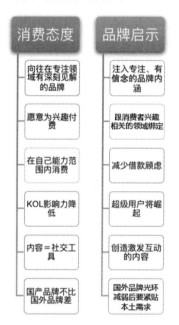

图 1-10 年轻化消费态度带给品牌的启示

总之，年轻化是必然趋势，开启品牌年轻化的道路势在必行。

案例拆解：喜茶风靡的背后

喜茶是数字化、年轻化的互联网茶饮品牌。成立仅8年，创始人便进入了深圳百富榜，品牌市值超过160亿元，带动了年轻茶饮品牌的创业热潮。在该品牌背后，有怎样的故事？

每个品牌都有其创始主角，喜茶的主角是聂云宸。

喜茶之喜

1991年，聂云宸出生在江西，少年时跟随父母来到广东江门。大学时代，他就读于广东科学技术职业学院人文学院行政管理专业。平凡的学校、普通的专业，让那时的小聂同学开始不满足于自身状况。聂云宸和许多同龄人一样，很早有了创业的觉悟，想做成一番事情。2010年，他毕业了，在人生关键性的19岁节点上，聂云宸开始了行动。

第一次创业，聂云宸选择在江门九中街上开设了一家手机维修店铺，专门售卖智能手机和相关配件。由于门店地理位置过于偏僻，经常没有生意，他将目光转向了茶饮行业。

聂云宸认为，开一家奶茶店门槛并不高，发展方向则可大可小。做小，起码能先把一个小档口打理好，养活自己和家人。做大，或许能带给这个行业年轻的变化，形成新的茶饮品牌。

2012年5月，聂云宸从合伙人和好友那里凑齐了20万元启动资金，开设了一家名为"皇茶"的奶茶饮品店，开业首日，情形惨淡，仅有91元营业额……尽管如此，聂云宸还是勉强将店面维持下来，并在随后的1年多里，又在江门开了3家店，在中山市也有了店面。

门店数量的增多，并没有减轻聂云宸的压力。每一家门店都只有窄小的门面、普通的装修、半人高的柜台兼操作台。聂云宸既要负责装修设计，又要研究饮品口味，还要设计营销活动和打通营销渠道。为了给门店带来更多收益，聂云宸不断发起活动，其中一次免费到店品尝的活动很成功，店内人头攒动，店员们忙得连煮珍珠都来不及。

通过这件事聂云宸意识到，产品质量确实是王道，但那是有了客户之后用来留住他们的手段。如果没有口碑传播、没有年轻化的营销，产品就永远停留在零的阶段。

2015年，乐百氏创始人何伯权决定在饮品赛道发力，他在皇茶的旗舰店蹲点3天，验证了自己的商业设想。2016年，在何伯权的助力下，聂云宸开始进入创业发展阶段。他意识到，皇茶的品牌名称，并不适合年轻化发展，Z世代消费者并不喜欢"皇"这个名字。为了更好地占领年轻人的心智，聂云宸以60万元的价格购买到"喜茶"商标。更名后，何伯权作为天使投资人投资喜茶，并为其引荐了IDG资本近1亿元的融资。

在资本的助力下，喜茶在年轻化主赛道上高速疾驰。到2019年8月，喜茶在全球49个城市拥有了超过500家门店，国内平均单店单月流水达100多万元。此时，中国现制饮品门店数超过45万家，新式茶饮市场规模超过900亿元，喜茶在其中排名第一，估值已达90亿元。

如果单纯以传统商业思维来观察和解释，喜茶并没有必然的领跑原因。同为茶饮品牌，茶颜悦色在长沙一个城市开出140多家门店，微信公众号活跃粉丝在行业内排名第一，有着强大的地域人气和品牌美誉。蜜雪冰城广开加盟门店，数量突破10000家，门店数量雄踞榜首。CoCo都可的门店已开到了英国、美国、韩国、加拿大、泰国……

喜茶品牌成功的根本原因在于其数字化建设。当许多人认为茶饮品牌价值差异取决于口味、服务、包装设计时，数字化能力才是新式茶饮品牌年轻化的必然趋势。

数字化建设对茶饮品牌的年轻化发展主要在以下两个方面发挥作用。

私域流量决定成败

数字营销让茶饮品牌掌握越来越强的独立话语权，形成对年轻消费者的影响辐射。

移动互联网营销已是大势所趋，流量越来越贵将成必然。茶饮品牌只有通过自建私域流量池，才能使创业者不会完全受制于日渐区域垄断化的互联网电商平台。

2020 年上半年新冠肺炎疫情防控期间，各家茶饮品牌都开始通过自有小程序商城、O2O 平台开展外送业务、周边零售业务。同样是在线上触达、提醒、吸引消费者，茶饮品牌通过美团等平台进行销售，最高佣金将达到 30% 以上，而通过自有渠道，成本将大大降低。

不仅如此，私域流量池能让品牌更深入地洞察用户，形成数字化私域流量。喜茶品牌宣传有着层出不穷的创意、精美独到的设计，更不用提宣传的艺术风格、联名次数之多，喜茶不仅冠绝行业，甚至在全国整体商业品牌中都无出其右。

表面来看，喜茶的品牌宣传风格并不稳定，但能始终稳定地被客户接受和喜爱，这种超乎寻常的客户洞察力，来自于其对客户精准而全面的认知。

具体而言，品牌对客户数据的认知，不仅包括客户的性别、年龄、职业和身份，还应该包括客户的生活喜好、热衷于哪些品牌、关心哪些时事、关注哪些内容。这些信息，必须依赖于私域流量池的运作。

喜茶品牌的私域流量，大多来自微信公众号"HEYTEA 喜茶"。该微信公众号预估有 185 万粉丝。据喜茶官方披露，截至 2019 年 12 月 31 日，喜茶已有 2199 万会员。这个数字超过世界上多数大城市的人口数量。

喜茶会员系统有超级庞大的数据，比如姓名、性别、电话号码、电子邮箱、偏好语言、第三方平台（如微信）的用户名、所在省市、会员等级、卡内余额、使用会员服务的日期与频率、购买或接受卡券的名称与频率等信息，以及在互动中可能会涉及的相关信息。2000 多万份这样的数据，成为喜茶的超级私域流量池。

针对流量池，喜茶可进行足够精准的喜好预测。例如，女性客户更喜爱温热茶饮。越年轻的客户越喜爱正常冰和正常糖，越年长的客户越喜爱温热茶饮和少糖。经过对这些数据的解读，喜茶进一步指导企业产品决策，从而丰富了品牌自动化的营销应用。

当客户打开小程序时，喜茶会自动为客户分配距离最近的门店，会依据门店数据，将目前最热销的存量较多的产品进行优先展示。小程序还会实施灵活的折扣策略，比如根据不同时间段，为客户推荐早餐、下午茶等不同的组合。这种自动化的个性营销，不仅灵活控制了库存，也能有效提高销量。

通过私域流量池的运作，客户洞察不再是主观感性的词汇，而是能帮助品牌走向成功的决策依据。

数字供应链推动创新

相比喜茶，大多数茶饮品牌的原料都来自于外部购买，导致品牌之间的原料选择、物流条件与竞争对手近似。为此，喜茶通过数字化布局建立了独特的供应链。

供应链数字化程度越高，产品的竞争力也就越强。当茶饮行业产品同质化越来越严重时，品牌必须自建供应链体系，将原料、运输、生产制作的供应流程掌握在手中，才有机会让产品脱颖而出。

2019 年，喜茶共推出 240 余款新品。这些新品并非在实验室研发完成，而是深入结合了对供应链的掌控。喜茶和上游茶园签订协议，并上线 ERP 系统，从原料品控到采购、库存和配送管理全程数字化作业，确保任何产品批量供应的同时，还具有一定的稀缺性。这种微妙的平衡性，只能来自于对原料的数字化管理。

供应链的数字化不仅能保证食材新鲜，还能确保物流效率。更重要的是，当茶饮品牌规模不断扩大，门店数量增长 10 倍乃至 100 倍时，只有数字化供应链才能让标准稳定、品质可靠，也只有数字化供应链，才能让整个生产过程可控可复制。其中的关键，是建立品牌自有的软硬件数字技术能力，形成标准化、数据化的生产管理过程。

喜茶看起来像是"艺术生"，其实却是"理科人"。喜茶品牌的年轻化成功，正是数字化的成功。他们正以客户数字化信息资产为核心，以品牌 IP 化和全域流量运营为两翼，以高效供应链整合管理为基础，搭建鲸吞市场的强大弓弩，疾驰于创新之道。

案例拆解："多燕瘦"的品牌升级之路

严格而言,"多燕瘦"并不是什么新品牌。早在2011年,"郑多燕风暴"就以其减肥理念而席卷亚洲。2015年,"多燕瘦"品牌应运而生,到2020年,品牌开始全面进行年轻化升级,从包装、原料到推广方式,都有了颠覆性的改变。

纵观"多燕瘦"品牌升级路径,可以简单概括为3步走。第1步,联合大IP,奠定品牌基础。第2步,洞察市场痛点,选择潜力客户群关注的赛道。第3步,规模投放,全网曝光引流。

品牌发展第1步,主要完成于2011—2014年。此时,"郑多燕"IP的影响力主要通过湖南卫视、深圳卫视、浙江卫视等电视综艺平台,以现场教学方式进行传播。在该阶段,郑多燕发现了中国健康减脂市场存在的巨大潜力。

郑多燕本人是"亚洲瘦身女王"和"维密形体导师",具有专业的减脂瘦身经验,她找到韩国两届总统奖获奖者、首尔大学生命科学院AMP朴世勋教授,亲研出一系列"瘦身减脂"的食品,以贯彻"三分动,七分吃"的科学瘦身理念。

因此,"多燕瘦"一出生就获得了"郑多燕"这个大IP的粉丝基础。

品牌发展第2步,主要完成于2015年~2018年。"多燕瘦"将目标客户定位为18—30岁的年轻女性,在这一年龄段,无论是学生、白领还是年轻妈妈,都有对美好身材的强烈追求。但"多燕瘦"并没有满足于这种定位,他们发现,客户群体的需求在升级,即从追求减肥变成了健康减肥。

因此,"多燕瘦"对产品包装和配方进行全面升级。包装上选用了流行的渐变色,代表品牌的无限健康活力。配方上选择了更为健康环保的原材料,以吸引推崇健康减肥的客户的注意力。

品牌发展第3步,从2019年开始,"多燕瘦"进行了全网大规模投放,其投放渠道覆盖全网,包括微博、微信(朋友圈+大号)、小红书(信息流+达人)、抖音(信息流+达人)等。此外,"多燕瘦"还借用了诸多头部主播的资源做直播带货,有时一个晚上就能卖出10万多盒。谢娜、李小冉、黄圣依、林依轮等明星的推荐让"多燕瘦"的人气进一步升温。

通过品牌内涵升级、渠道开拓深耕,"多燕瘦"将原有的品牌资产范围拓宽,变得更为立体、多维和精细化,实现了品牌的积累和深化。

第 2 章
新国货品牌崛起，消费路径的缩短与重构

> 当许多企业在感叹市场寒冬、资本重压和经济萧条的外部环境时，新国货却令人意外地强势崛起，取得了骄人的成绩。凭借中国企业的强大供应链支持、中国消费者的庞大基数，新国货书写出品牌年轻化的传奇。这段传奇的书写，正是从消费路径的改变开始的。

01 新国货崛起，消费者是如何自我驱动与创新的

著名财经作家吴晓波曾总结过中国的三次国货运动。第一次发生在1883年，一批企业家追随晚清著名启蒙思想家郑观应"中国要自强，商战重于兵战"的号召，开启了国货的生产和营销。第二次国货运动则始于20世纪80年代的改革开放初期。如今，品牌方和消费者已共同置身于第三次国货运动中。

1. 新国货崛起

2019年中国经济信息社经济智库、中国传媒大学——京东大数据联合实验室联合发布的《2019"新国货"消费趋势报告》显示，本次"新国货"的崛起，存在以下事实特征。

首先，中国品牌商品在下单金额、下单商品销量的同比增幅上，远高于国际品牌商品。尤其在下单金额的同比增幅上，中国品牌商品的优势更为明显商品。

2017年中国品牌商品的下单金额同比增幅高出国际品牌3%，2018年中国品牌商品的下单金额同比增幅高出国际品牌14%；2017年中国品牌商品的下单商品销量同比增幅高出国际品牌7%，2018年中国品牌商品的下单商品销量同比增幅高出国际品牌8%。

据相关数据统计，中国品牌数量的同比增幅要远高于中国品牌商品数量的同比增幅。

这说明中国品牌开始注重拓展自身产品线，以年轻化品牌形象来带动更多产品，满足新的消费需求。

总体上来说，从 2015 年起至今，中国消费品市场的需求和供给两侧发生了重大变化。新中产、Z 世代强势崛起，消费需求的不断变化推动了本次新国货浪潮的出现，体现出与前两次"国货运动"的最大不同。

随着整体收入的不断提升，越来越多的年轻人为优质中国品牌买单。其消费动机并不仅出于爱国情怀，而是基于更加理性的消费观念和更加全面的消费视野。消费者对国货品牌品质的关注度正在提升，相比于过去单纯关注价格的差异，年轻消费者选择国货的理由，更多的来自于品牌力和品质感。

对于早已是红海的饮料市场，元气森林毅然闯入，成立三年之后，品牌估值高达 40 亿元，从搅局者变身为行业领导者。便利店、小红书、抖音、微信，到处都能看见元气森林的形象，被年轻人称为"健康版快乐水"。

元气森林为什么能火？它并没有主打国货的情怀（实际上还在某种程度上借鉴了日系元素），最终征服年轻消费者的是其"零糖、零脂、零卡路里"的产品定位，迎合了年轻人健康至上的新需求。这些需求，恰恰是国际品牌饮料并没有充分满足的。

元气森林以差异化的国货品牌定位，最终打破了同质化严重的行业竞争链条，以自身创新带动消费者需求创新，从小众市场走向了大众市场。

中国品牌具有成本和规模优势，同时贴近本土消费市场。它们同国际品牌的竞争，已摒弃单纯靠数量、成本的残酷战争，而是进入了品质与技术全面博弈的时代。

2. 消费者的自我驱动与创新

"新国货"的核心在于"新"字，体现为新消费结构、新消费观念、新客户地域、新理念驱动和新消费人群。新国货的崛起，是品牌化、数字化、国际化三股力量联合赋能的结果。今天的国货品牌潮流，早已不是"炒作情怀"的短期效应，而是国内品牌营销战略策划和组织能力提升的结果。同时，新国货潮流也反映出年轻消费者的自我驱动与创新。正如国内知名零售品牌"一条"合伙人张晴说的那样，以95后和00后为代表的新一代消费者，直接带动了新国货的崛起。

研究结果显示，新国货之所以成为潮流，一方面源于年轻消费者的消费理念和群体发生了巨大变化，其强劲的自我驱动和创新愿望影响了企业，催生出一批又一批的本土品牌新秀。另一方面，中国零售业数字化加速，以电商平台、直播带货等为代表的线上销售形式，为新国货的诞生提供了更多可能。

在新国货潮流中，消费者的自我驱动创新体现在以下几个方面。

首先，Z世代更为关注商品的使用体验和实际品质。调研报告显示，消费者主动搜索品牌和产品的意识在提升。

以京东平台为例，自2016年开始，在其前100个搜索词中，品牌关联词搜索量占比不断提高，其中中国品牌关联词搜索量占比提升速度更为明显。

2017年京东全站前100个搜索词中有24个搜索词与品牌相关，搜索量占比达24.3%，其中有10个关键词与中国品牌相关，搜索量占比达10.2%。

2018年前100个搜索词中有31个搜索词与品牌相关联，搜索量占比达30.1%，其中17个关键词与中国品牌相关，搜索量占比达18.5%。华为、小米和vivo成为搜索量较高的中国品牌代表。[一]

数据显示，越来越多的消费者会主动搜索中国品牌或产品，他们更关注产品的使用体验和品质，其次是外观设计，最后才是价格。

其次，面对新国货，年轻消费者的群体结构、消费地域变得更为丰富，展现出巨大的潜在能量。

[一] 来源于中国经济信息社经济智库、中国传媒大学—京东大数据联合实验室联合发布的《2019"新国货"消费趋势报告》，2019年5月。

在新国货消费人群中，Z世代群体的消费增幅趋势相比其他年龄段的人群更为明显。而四五线城市的小镇青年对国货下单金额的增幅，要高于其他客户下单的增幅。他们虽然并非一二线城市的主力消费人群，但消费了更多的国货，在保留情怀的同时，更加注重品牌品质。

图2-1是小镇青年和都市青年的国货消费增幅对比。

注：数据来自网络。

图2-1 小镇青年和都市青年的国货消费增幅对比

国货品牌改变了传统客户群结构，作为回报，被改变的客户群结构也进一步为国货品牌带去更多的发展动力。

再次，面对国货，消费者的消费观念和评价理念也发生了变化。

《2018年腾讯国货美妆洞察报告》显示：2017年，以价格为最主要考量因素的国货美妆消费者，占比从2007年的48%下降到26%；相反，品牌之间的差异对国货美妆品牌力的贡献越来越大，2007年，这个数字只有13%，到2017年，这个数字上升到22%。

Z世代对国货的看法发生了巨大变化，他们不再为省钱而购买国货，而国货也不再是千人一面的"大路货"。Z世代相信，国货同样能拥有优良的质量，也同样具备应有的溢价。

如果只看到国货崛起的表象，没有认识到消费观念、消费形式、消费群体已经变化的本质，企业依然无法了解客户支持品牌的驱动力。国货品牌终究只是企业产品的象征符号，而背后真正驱动其崛起的，必然是技术更新、产品质量升级、营销体系的成功和消费者观念的全面转变。

02 品牌消费路径是如何被缩短与重构的

毫不夸张地说,在新时代,品牌必须年轻化。以年轻化为标准,每个传统业态都可以重做一遍。

任何产品的改变要想获得成功,都离不开对品牌消费路径的缩短与重构。这既是品牌年轻化成功的前提条件,也是年轻化的必要内容。缩短与重构消费路径,不仅能提升品牌营销效率,同样也是品牌转变的重要目标。

1. 品牌消费路径的 5A 循环

无论处于哪个时代,置身于哪个消费平台,品牌消费路径即消费者的购买过程,都可以用 5A 路径来描述。

图 2-2 为消费路径的 5A 循环。

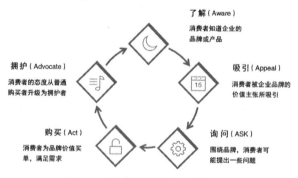

图 2-2 消费路径的 5A 循环

在移动互联网时代，Z 世代消费者由独立的个体转变为聚合的群体。因此，购买行为也从传统的 B2C⊖ 形态，演变为 B2G⊖ 乃至 G2G⊖ 的形态。Z 世代消费者群体内部连接而产生的群体效应，对消费者的购买行为路径产生了巨大影响，并诠释了新的 5A 法则。

（1）了解（Aware）是年轻消费者接触品牌的第一步。新时代的品牌认知过程可能非常短暂，犹如相亲对象之间电光火石般的一瞥，结果可能是一见钟情，也可能是没来由的嫌弃。当然，大多数认知不会立刻产生情感反应，但或多或少会埋下未来态度的种子。

对新国货品牌而言，它们或多或少都带有历史色彩的基因，选择的营销形式和载体也较为成熟，这些都可能影响到消费者的初步认知。例如微信聊天时的偶然谈论、电商网站首页的推送、微博上一闪而过的产品照片等，都有可能是消费者认知国货品牌的大好契机。

（2）吸引（Appeal）的驱动力来自需求。无论是情感需求，还是现实需求，只要消费者发现产品或品牌满足了他们的某种需求，甚至只是激发了他们追寻娱乐和社交需求的兴趣点，便产生了品牌的吸引力。

罗振宇在 2019 年个人跨年演讲中分享了梁宁的一句话："品牌，就是你愿意和它自拍。"无独有偶，也曾有人提出过衡量国货品牌价值的重要概念，称为"成图率"。所谓成图率，即每 100 个购买品牌产品的客户，有多少人会自发拍照分享，该指标能侧面反映品牌在多大程度上满足了客户的审美需要。

曾几何时，年轻人眼中的美离不开工业化、现代化、前卫化、国际化。但今天，他们借助新媒体，开始发现传统审美风格也同样有趣。这直接驱动品牌设计采用更多的"国风"元素，吸引 Z 世代发现更多传统艺术的独特之处。这一互动过程，既满足了消费者的审美需求，也满足了他们的个性化需求，并因此直接体现为吸引，

⊖ Business-to-Consumer，企业直接面向消费者销售产品和服务的商业零售模式。
⊖ Business-to-Group，企业面向消费者社群销售产品和服务的商业零售模式。
⊖ Group-to-Group，社群面向消费者群体销售产品和服务的商业零售模式。

促成产品高颜值带来的溢价效应。正因如此，喜茶、茶颜悦色、三顿半咖啡、钟薛高、汉口二厂、完美日记等新国货，都因超越同类产品的外形美感而成功打动了Z世代消费者的心灵。

今天，如果还有人不了解为什么"颜值"甚至能决定品牌的生死，那么他们显然未能读懂消费路径中的吸引。当然，吸引并不只有外形因素，还可能来自消费者与品牌接触的任何一个环节。

（3）询问（Ask）。当消费者在品牌吸引力的驱动下，对购买需求进行了初步的确认后，他们便会着手进行询问。

不过，"询问"也不是单纯面向营销者提出。

年轻消费者面对移动互联网的不同场景和平台，发现自身需求后，他们不可能丢下场景和平台背后的社交关系，转身直奔门店，去询问素不相识的营销人员。相反，他们下意识的反应，是立刻询问同圈内在场景和平台中的同事、朋友，甚至是有相同爱好的陌生人。

询问这一环节依然存在，但对象变化了，从营销者换成了圈内成员。消费者会在微博、微信、QQ上询问社交圈内成员，抑或在搜索网站和电商平台上对商品信息进行全方位的比较和了解，以形成充足的分析基础。通过有效了解和比较后，最终形成方案评价与购买决策。

（4）购买（Act）。当消费者对产品的分析结果契合其预设的购买需求，与品牌最初产生的吸引一致时，其购买意图将最终转化为购买行为。购买行为包括下单、支付、收货环节，每个环节都可能形成新的分享点，并提供给消费者本人所在圈层的同伴，帮助解答他们的"询问"，或者形成他们对品牌的认知。从这一概念来看，购买又不只是个体的消费行为，它很可能是引发新一轮消费路径的快捷入口。

（5）拥护（Advocate）则是开辟品牌新一轮消费路径的正式入口。对新品牌而言，拥护是黎明破晓的第一束光，是夏日空调里飘出的第一缕冷气，是新生儿的第一个微笑。拥护，是用户在购买之后伸出双手对品牌给予支持、灌输力量，是购买后的理想状态。这种状态将通过客户在社群内的传播与回应，被有效扩散和放大，引发新的 5A 进程。

2. 品牌消费路径的六大指标

在对消费路径的观察与衡量过程中，品牌方应重点观察六大指标的具体表现。表 2-1 为消费路径的六大指标。

表 2-1 消费路径的六大指标

购买行动比 = 购买人数 / 认知人数
品牌拥护比 = 拥护人数 / 认知人数
吸引指数 = 吸引人数 / 认知人数
好奇指数 = 询问人数 / 吸引人数
认同指数 = 购买人数 / 询问人数
亲密指数 = 拥护人数 / 购买人数

购买行动比是购买人数和认知人数的比率。在传统时代，由于缺乏比较和选择的机会，消费者的购买行动比通常都保持在较高水平。为了扩大销售额，品牌最有效的做法就是通过广告投放，提升消费者的基数，即提高品牌认知人数。诸如"送礼只送×××"之类的广告创意，就是为了在大众媒体上增加投放，便于更多的人知道品牌。然而，在移动互联网的社交媒体营销世界里，品牌选择的多样性爆发了，消费者的消费习惯也开始变化，他们在认知和被吸引之后，依然会继续搜集与筛选信息。因此，购买行动比出现大幅下降也就顺理成章。

品牌拥护比，即拥护人数和认知人数的比率。在当下，粉丝经济逐渐成为品牌成长的主要动能。因此，品牌拥护比开始取代购买行动比，成为更重要的指标。在消费路径中，更高的品牌拥护比代表更高的粉丝经济生产力。通过提升品牌拥护比，企业可以将维护和开拓消费路径的重任交给消费者，让其中的主要粉丝为企业完成品牌的传播与推广，并为此赋予他们有效的工具，帮助他们为品牌带来更多效益。例如，小米的 MIUI 论坛等，就是围绕品牌拥护比而产生的。

吸引指数，即吸引人数与认知人数的比率。要提高吸引指数，需要借助品牌内涵的力量。企业应在开创新消费路径时，通过品牌定位和品牌差异化，在消费者心中占据独特地位，创造传播驱动力，并通过具体营销手段进行落实。

在移动互联网时代，国货品牌的崛起就是最好的证明。由于圈层的作用，那些曾经被认为是冷门、无从被认知和吸引的品牌概念，通过有效差异化而满足了消费者的细分需求。在长尾效应⊖的作用下，它们既能纵向深度作用到消费者的内心，也能将那些具有同样小众喜好的消费者凝聚起来成为圈层。

好奇指数，即询问人数与吸引人数的比率。品牌利用社群的力量进行社交媒体营销，可以充分调动受众的好奇心，提高好奇指数。再通过这些受众的表述，形成信任背书，进一步推动品牌吸引力的爆炸式增长，达到广泛传播的效果。

采用好奇指数进行的病毒式传播，更像是一场围绕品牌打造 IP 的内容传播活动。抓住客户敏感的心理作用，形成传播动机，就能使品牌内容在更多的社交场景中被引爆。过去，品牌需要花费重金投放大量广告才能达到的效果，今天可以在极短时间内免费完成。

认同指数，即购买人数和询问人数的比率。认同指数的关键，在于品牌形象管理、渠道管理和营销人员的管理。今天，品牌形象传播的渠道无处不在，它不仅包括线上由营销体系为中心管控的地方，也包括线上的客户圈层内部舆论场，同时还包括线下营销场所如门店、物流、会展、广告等场景。因此，企业在面对消费渠道的变革时，既要注意线上认同指数的管理和维护，也不应忘记线下渠道中其他因素对认同指数的影响。

亲密指数，即拥护人数与购买人数的比率。影响亲密指数的品牌营销举措，包括服务蓝图、客户服务和关怀、忠诚度计划等。

越来越多的品牌通过会员制度中的积分累积与兑换、等级奖励等方式，与客户

⊖ "长尾"实际上是统计学中幂律（Power Laws）和帕累托分布（Pareto）特征的口语化表达。在正态分布曲线中，突起的部分叫"头"，两边相对平缓的部分叫"尾"。从需求角度来看，大多数需求集中在头部，这部分被称为流行，分布在尾部的需求是个性化、零散、小量的需求。将所有非流行的市场累加起来，很可能形成比流行市场还大的市场。

形成共同利益点，将新客户变成粉丝，再将粉丝变成复购客户。亲密指数的提升过程，实质上是品牌对已发生的消费路径不断进行复盘和维护，以获得稳定的消费力量。

2. 消费路径的缩短与重构

2017 年，艾瑞数据曾进行过专项调查，统计年轻群体消费行为的驱动要素。

调查结果显示，有超过七成的被调查者认同"相比广告，我更相信口碑推荐"。而促使客户在电商平台等应用内完成购买的第一驱动因素，则是"朋友或网友的分享推荐"。

调查显示，消费者的决策和行动路径发生了改变。品牌传播不再是单向线性的，而是按照"拥护者—品牌形象扩散—新消费者—更多的拥护者"的路径进行循环。品牌传播决定消费者行为的逻辑，在这个时代发生了显著变化。

图 2-3 是消费路径关键环节的变化示意图。

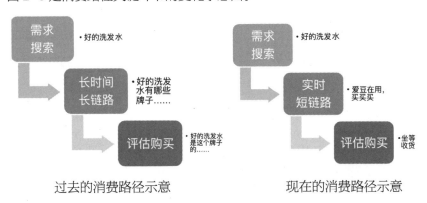

图 2-3 消费路径关键环节变化示意图

传统互联网时代的消费途径延续了之前的品牌影响渠道。消费者基于自身需求去主动搜索品牌，随后进行长时间、长链路的了解，最终评估购买。

十年前，女生在购买洗发水时，会经过以下途径。她们首先主动搜索相关知识，了解自己的发质，然后找到能适应自身需求的品牌，如飘柔、海飞丝等。随后，对比这些品牌内各产品的功效,最终确定其中的一款并购买。

但今天的女生已经不复如此。她们将消费路径中的5A环节融合于一处(当然是在智能手机屏幕上),然后实时、短链路地跳跃操作。

女生会在很偶然的时间和地点(比如坐地铁时),根据智能信息平台推送来的洗发水评测文章,了解自己发质的情况。与此同时,她们会被文章下部同时推送的海报吸引,因为海报上正是她心仪的男星"爱豆",举起某款洗发水,深情望向屏幕外的她。海报上还配有一行吸引感十足的文案:"我喜欢夏日松林的味道,一起来吗?"女生情不自禁地点击图片,下单购买了15元一小瓶的试用装,将刚才了解到的发质情况抛到九霄云外。毕竟,15元只是一杯奶茶的价格,而支持"爱豆"的动力,怎么能用金钱来衡量?

支付完成后,跳出的订单页面上附有另一张海报,依然是帅气的"爱豆",这次他正深情地拥着女友,女友的唇色顿时吸引了女生。

于是,女生又点开了新的产品页面,这次是一款口红。女生立刻想到,是时候为自己的化妆品柜里加一款口红了……

在另一个时空内,女生阅读完洗发水评测文章,并没有看到海报,而是立刻将文章转发给了闺蜜。

几分钟后,闺蜜发来一款口红的电商购买链接:"先别说头发的事了,我下周要相亲,快,帮我看看哪个色号好!"

女生点开了链接,认真研究起色号。不一会儿,她觉得自己也应该买这款口红。手机的另一端,她的闺蜜看见了评测文章下方的海报,爱豆闪闪发光的眼睛吸引她点了进去……

有趣的是,类似场景在每个人的生活中不断上演,它们共同构成我们这个时代的消费图景。当企业还在按照教科书流程,一本正经地设计着品牌传播内容和方式,企图精确把握每一种消费途径时,无论如何也想不到消费途径正被无边无际地随机性解构着，变得支离破碎、光怪陆离。

消费路径的缩短与重构，表现出两方面的具体特征。

一方面，消费路径大大缩短。5A环节曾经被划分得如此清楚，传统消费者被广告内容、营销话术逐步引导，按企业的设计意图，逐步完成每个环节。而现在，这些环节随时可以开始，也随时能终结，个中动力只有消费者的自我意识和选择。换言之，以前消费者会因为"他人"的设计而消费，今天他们只会因为纯粹的自我选择而消费。

另一方面，消费路径被积极重构。虽然消费者只会为自我选择消费，但这并不意味他们的购买行为与他人无关。相反，由于技术进步，与过往相比，消费者在消费路径中随时能得到来自四面八方的信息，他们既可以主动搜寻，也会遭遇被动影响。这些都可能对其消费路径造成即时影响。

在过去，非营销方提供的影响信息，大都被看成"干扰"。但今天，品牌已经很难获得"无菌室"那样纯粹的环境。品牌方必须清楚，无论何时，你面对的都是一个群体，而并非客户一个人，你所要建立的消费路径，永远都会受到各种力量的影响而实时变化。

从整体上看，消费路径的缩短，表现为原本呈现漏斗形状、人数不断递减的5A环节，现已变成了沙漏形状。在认知、吸引、询问过程中，人数不断下降，品牌价值观与圈层价值观之间的差异性导致了这样的筛选结果。随后，询问、购买、拥护过程中，人数又会回升，这体现出个体消费者的声音和情绪，随时会被数字技术所放大，在其所处圈层中产生深远影响。

牢记消费路径缩短与重构的特征，能帮助国有品牌找准通向未来的道路。

03 新国货小众品牌的五大标准

2019年"双十一"结束时,天猫彩妆品类的某位员工面对屏幕上的统计数字,不由得瞪大了遍布血丝的双眼。

这一天,彩妆品类销售冠军并非她熟悉的国际一线品牌雅诗兰黛,也不是拥有上百年品牌历史的欧莱雅,而是成立时间只有三年的国货彩妆品牌"完美日记"。

向下滚动鼠标,屏幕上跳出天猫"双十一"美妆品牌销量前十名排行榜,她惊讶地发现,自然堂、百雀羚、薇诺娜等国产品牌与一众国际大牌并肩而立。

这位入职不到一年的员工并不清楚,几年来,在天猫"双十一"美妆品类销售额排行榜上,国货品牌拥有越来越多的话语权。在这些品牌中,身为小众品牌的后起之秀也越来越多,俨然是一道亮丽的风景线。

2019年天猫"双十一"的亿元销售俱乐部中共有299个品牌,其中国货品牌占据了半壁江山,除了美的、华为、海尔这些老牌国有品牌,还有全棉时代、HFP、WIS、钟薛高这些年轻的、曾经小众的国货品牌。

所有榜单信息都指向同一个事实——国货小众品牌⊖的春天开始了。

1. 小众终成大牌

近年来,随着Z世代成为消费人群主体,在传统的高档次品牌消费领域中,出

⊖ 所谓小众品牌,广义上是指为较少人所认知、新生的并未全方位打开市场的初创品牌。狭义上的小众品牌,则更多是由经验丰富的名家设计师、曾经服务于大牌奢侈品牌的设计师、个性鲜明的独立设计师创立的新锐设计品牌,多为手工限量生产、性价比高,甚至拥有收藏和投资价值,在价格上一点都不向奢侈品牌示弱。

现了新的国货赛道。消费者可以通过购买国货小众品牌，付出中档的购买成本，享受"轻奢"的产品与服务价值。国货小众品牌犹如雨后春笋不断涌现在零售市场上。

表 2-2 是 2019 年九大国货新品牌盘点。表内囊括了近年来以迅猛发展态势从小众华丽变身的九大国货新品牌，这些品牌在蜕变之后，大都保持着小众时期积累的品牌资源优势，获得了投资方和市场的充分关注。

表 2-2 2019 年九大国货新品牌盘点

品牌名称	创始人	创立时间	融资情况	所属行业	投资方
完美日记	黄锦峰	2017 年	A 轮 1 亿美元，战略融资 10 亿美元，目前估值超 10 亿美元	美妆个护	高榕资本、高瓴资本、红杉资本、CMC 资本
薇诺娜	郭振宇	2008 年	天使轮数百万元，A 轮 1150 万元	美妆个护	红杉资本、金茂资本
HEDONE	曲心哲、吕航	2016 年	不详	美妆个护	红杉资本、辰海资本、澎湃资本
喜茶	聂云宸	2012 年	A 轮超 1 亿元人民币，B 轮 4 亿元人民币，目前估值超 90 亿元	餐饮	IDG 资本、今日投资、龙珠资本、黑蚁资本
奈雪的茶	彭心、赵林	2015 年	A 轮 1 亿元人民币，A 轮+数亿元人民币，目前估值 60 亿元人民币	餐饮	天图资本
元气森林	唐彬森	2016 年	目前估值 40 亿元人民币	餐饮	龙湖资本、高榕资本、黑蚁资本、峰尚资本、千贤资本等
AKOKO	柯云霞、董寰	2016 年	估值 3.5 亿元	餐饮	老鹰基金、愉悦资本、高榕资本
钟薛高	林盛	2018.3	不详	餐饮	真格基金、峰瑞资本、经纬中国、天图资本、头头是道投资基金
全棉时代	李建全	2009.12	A 轮 3 亿元人民币	母婴	红杉资本

其中，大部分品牌都集中在美妆和餐饮行业。不仅因为这两个行业拥有足够大的市场空间，能在短时间内迅速聚集消费者的流量，便于进行营销，同时也因为这两个行业的环境更有利于国货小众品牌的成长。

2. 国产小众品牌的成功经验

对一系列获得成功的国产小众品牌进行观察，可以总结出五个方面的成功经验。

（1）追求品质。Z世代普遍拥有较高的文化水平，与上一代人年轻时相比，他们的平均消费能力也相对更强。这些基础因素都使得他们对价格并不非常敏感，而是更注重产品的质量、口碑和认同感。

十几年前，提到国产品牌，消费者往往还是会想到价廉质差，甚至是山寨横行。即便"中国制造"彼时已走向世界，但不少国内消费者依然迷信外国产品。近年来，新国货品牌的兴起，源于品牌营销方法的进步，更源于产品本身确实满足了消费者对品质越来越高的要求。由于消费需求的转变，品牌方更为注重产品品质。

传统的国产品牌行业门槛很低，只要有一定的资金投入，就能开厂进行生产和销售。但如今，为了打造一个成功的品牌，企业需要着力打造从设计、研发到采购、生产的整个体系，作为对营销层面的支撑，这些都越来越考验企业的"内功"。

总体来看，在品质方面，新国货品牌展现出了负责的态度，对产品在外观、构造、功能、耐用性、安全性、健康性方面，提出了严格的标准。这也说明，国货的崛起虽然体现了Z世代消费者的民族自信和国货意识，其背后是更多高品质、高价值的国货商品。在新的消费时代，如何持续提升品质、工艺和服务水平，如何把握新时代的红利，是国产品牌始终需要应对的挑战。

（2）个性化与主见。潮流、个性、"颜值"和故事，很大程度上决定了国货品牌在Z世代消费者眼中的具体形象。Z世代消费者眼中的国货，不仅应具有国家和民族的代表特征，还应具备"我"这一独立个体的特征。

苏宁易购大数据在2020年5月推出了《2020国货消费趋势报告》。报告显示，智能电器单品数量同比增长超 92%，C2M⊖定制国货消费同比增长达 112.5%，其中蓝月亮洗衣液、华为 mate30 5G 版、米家智能摄像头、格力 1.5 匹变频空调、创维 55 英寸 AI 智能电视、苏宁极物乳胶按摩睡眠枕成为 2020 年 1—4 月较受消费者欢迎的单品。这也显示智能化、定制化、超级性价比国货更受客户喜爱，有较大的增长空间。

在 Z 世代定制化、个性化、高颜值的消费潮流之下，国货曾经的旧形象已悄然改变，取而代之的是新形象、新面孔。为了更加符合这一标准，未来的国货品牌应侧重于在以下两个方向发力。

首先，"老字号"必须迎合消费者的喜好。

2008—2016 年，回力运动鞋销量不佳。改变出现在 2016 年。当时，一批流量明星开始穿上回力鞋，偶像的引领作用改变了年轻人对这个老品牌的印象，他们突然发现，穿着物美价廉的国产品牌鞋，并不会丢面子，还能让自己摇身变为"时尚潮人"。

收到市场反馈信息，了解到 Z 世代的喜好，回力在保留经典款的同时开发了一系列新产品，采用了个性化的创意设计。在品牌定位上，树立"时尚与价格无关"的理念。通过打造自身品牌 IP，和年轻消费者一起了解历史传统与运动文化，形成新的群体意识。

诸多"老字号"国产品牌面临的主要困境是产品老旧、个性不足、缺乏主见。他们必须摆脱身上的"父母气息"甚至"爷爷奶奶气息"，要以新形象、新文化、新语境去吸引 Z 世代消费者，要用差异化的产品内涵去赢得 Z 世代消费者的青睐。

其次是反向定制。Z 世代群体内的各个圈层，无论是城市白领还是小镇青年，无论家境富裕还是家境普通，都在用消费理念和行为，描绘自身的理想生活。消费市场的细分化趋势由此改变，也同时倒逼国货品牌进行转型。传统定制业务正在继续延伸，目标是以"反向定制"来实现个性化消费与柔性化生产方式的共存。

⊖ C2M 模式，是指客户直连制造商，即消费者直达工厂，强调制造业与消费者的衔接。在 C2M 模式下，消费者直接通过平台下单，工厂接收消费者的个性化需求订单，然后根据需求设计、采购、生产、发货。

正如有人预测："过去的三四十年，我们希望将一切非标准的东西变得标准化，未来的三十年，我们要将很多标准的东西非标准化。"今天，技术的更迭升级、明星网红带货的火爆、小众品牌的兴起，使个性化需求更加迫切，也让定制化生产成为国货品牌崛起的必经之路。

2020年年初，王老吉上线了行业内首个定制罐小程序。消费者只需要通过小程序的操作，就能将自己的表白、祝福、鼓励以文字和图片的形式，呈现在罐身上，获得属于自己的独一无二的王老吉产品。

然而，这只是国产品牌反向定制的第一阶段。基于消费诉求的个性化生产模式，未来国产饮料品牌还可能为消费者提供合适的甜度、功效、包装等。消费者通过手机下单，定制的品牌饮料就会很快送到家中。

基于消费诉求反向进行的个性化定制生产模式，重新塑造了品牌的价值和产品能量，将会使品牌与年轻消费者之间产生更深层次的情感交流。

（3）注重互动和体验。Z世代生来喜欢互动和体验，他们对移动互联网的工具运用非常熟练。当他们有了良好的互动体验，才会愿意留在品牌的客户队伍中。

为此，新国货品牌不仅要为消费者提供过硬的产品和服务品质，更要将品牌文化看成一面旗帜，将消费者聚集起来共同"玩耍"。如果品牌不好玩，那么带给消费者的体验很可能会转瞬即逝，如果无法让他们投入情感，那么品牌也就永远停留在平面化的记忆中。

同是老字号鞋类品牌，内联升推出了"个性手绘鞋"和"设计师定制服务"。在电商平台，客户可以在"个性手绘鞋"专区，在线选择图案和款式，还能自主提交图案、文字或者头像，让工厂进行个性化定制。这种互动方式既注重差异化营销，满足不同客户的差异需求，同时又让客户有充分的参与感，增加了消费过程中的乐趣。

互动体验并非只包括消费者的动手参与，而是强调消费者能获得产品本身之外的创新体验。Z世代消费者在考虑商品价格的同时，更为看重商品的设计、技术、服务所能带来的综合体验，并将这种综合体验看成产品定价的依据。

2019年，鸡尾酒品牌锐澳与拥有88年品牌历史的英雄钢笔进行跨界合作，推出了一款英雄墨水包装的鸡尾酒。英雄钢笔是众多国人的儿时记忆，锐澳鸡尾酒则属于国产时尚酒精软饮料的代表品牌。这次跨界合作，让英雄品牌回到年轻人面前，也为锐澳鸡尾酒带来新的品牌闪光点。

5月16日，贴着英雄墨水经典标签的蓝黑色锐澳鸡尾酒正式发售，其中寓意为"肚子里有墨水"，不少消费者都留言表示想要品尝。该套装产品包括两瓶鸡尾酒、1瓶蓝莓味英雄墨水，在开售的第一分钟就卖出3000套。

在此之前，锐澳还和六神合作推出花露水鸡尾酒，同样取得了不错的市场反响。

类似的跨界合作打破了原有"物美价廉"的简单体验维度。在当下，"物美"和"价廉"已经无法充分囊括消费者的体验要求。"物美"已经不仅指商品本身的物理与化学质量，而是包含了美学元素、心理体验、时尚潮流内涵等主观感受与社交价值的体验作用。

（4）便捷高效。国产品牌的崛起也离不开便捷高效的消费体验。2018年，全球著名的市场监测和数据分析公司尼尔森推出《便捷至上，未来可期》的消费者研究报告，报告显示，消费者的购买决策正受到不断加快的生活节奏与日益联系紧密的社交人群的影响，而更多地将目光投向品牌的便捷性。在中国，有26%的消费者倾向于选择更为便利的产品，有24%的消费者看重产品本身是否容易使用。其中，便捷性优势最突出的国货品牌，集中于餐饮、速食和外卖服务等消费行业。

该报告的调查数据显示，消费者十分追捧便捷的就餐方式。在全球，有近三分之一的消费者有外出就餐或点外卖的习惯，而在中国，这一数字超过53%。为了满足这些消费需求，涌现出了多个便捷食品的国货品牌。

中华老字号"皇上皇"具有悠久的历史，始建于1940年，旗下拥有多个腊味食品品牌。2018年10月，为了满足Z世代消费者对便捷高效的需求，该企业推出自热腊味煲仔饭产品。消费者只需要倒上水，等待15分钟，就能品尝到一碗美味的广东腊味煲仔饭。香喷喷的米饭、香而不腻的腊肠、爽口的萝卜粒和鲜美的酱油，让消费者顿感方便。该企业品牌部门的负责人表示，自热煲仔饭主要就是为了满足年轻消费者的需求，包括不愿回家做饭的上班族、外出旅行的游客等。这些消费者虽然向往广式美食，但制作起来并不容易。这对于每天忙于奔波的职场人士而言，确实"心有余而力不足"。因此，皇上皇煲仔饭自从上线后，在数月内就销售10万余盒，迅速成为知名的食品国货品牌。

除了产品带来的便捷外，购买过程的便捷也同样重要。

从2018年开始，全球范围内的零售业态不断升级，电子商务发展与全渠道零售趋势推动消费体验持续优化。全球快消品行业的线上销售额增速是线下的5倍，到2021年，全球快消品的线上渠道销售额将可能达到4000亿美元，约为整个快速消费品市场份额的12%。

中国是移动互联网大国。移动端设备与电子平台，给消费者提供了更为方便快捷的购买支付方式，重塑了消费者购物体验，使品牌和消费者之间的连接方式发生了转变。从认知、吸引到购买，消费者可能只需要几分钟时间，而获得完整的产品体验也只需要数小时到数天的时间。正是这种高效、安全、快速、全程的参与感，为国货品牌多方位触达消费者提供了巨大机遇。未来，通过积极部署本地化战略，更多国货品牌也将以高效便捷的特质，加强与消费者之间的联系，打造强大的品牌口碑。

（5）绿色健康。近年来成长迅速的国货品牌，均表现出不同程度的绿色健康文化特质。尤其是2020年以后，消费者的健康意识表现得更为明显。从品牌成长来看，这既是大环境催生的新需求，也是消费升级的大趋势，消费者面对现实需要，必然会更加关注健康，投资健康，也为品牌以健康文化内涵获取拥护者带来了新的发力空间。

数据依然是说明事实的有力证据。国家统计局的数据显示，2020年第一季度，全国居民人均购买洗涤和卫生用品的支出增长27.2%，居民购买口罩等医疗卫生器具的支出增长4.2倍。除了预防的必需品外，空气净化器、除菌洗碗机、除菌干衣机等健康生活类家电销量增速较快，保健品、营养品受到追捧，运动手环、健康监测产品同样销售火爆。

消费升级更意味着意识升级，健康意识的提升则会推动健康消费的提速。随着健康问题被充分重视，消费者的相关意愿将进一步释放，国货品牌也将迎来新的契机。

在此过程中，企业要做好以下品牌文化建设工作。

首先，要积极创新，顺应健康消费需求，提升新产品的技术内涵，加快新产品的研发创新和迭代演化。同时，还应努力寻找互联网、大数据、人工智能与新产品之间的接入点，推动线上服务等新业态的发展。

其次，顺应个性化、品质化、多样化的发展趋势，利用已有的健康服务资源，从全人类、全生命周期、衣食住行等细分市场中挖掘需求，优化产品与服务。

企业的品牌经营理念，也要在健康领域进一步挖掘。利用品牌与公众之间的有效互动，不断引导和增强消费者的健康意识，培养他们健康生活的理念和行为方式，以此进一步激活健康消费的支持力量。

04 新消费人群、新技术与新渠道

今天，整个中国经济已开始步入消费驱动时代。Z世代是主要的新消费人群，作为互联网原住民，他们"孤而不独"，拥有很强的消费能力。同时，他们拥有新的消费观念，追求品质、喜欢个性化主张、注重互动体验，讲究便捷高效和绿色健康。

面对新消费人群，时代已准备了新的技术基础，包括移动支付、人工智能、5G移动互联网等，这些技术将带给他们更多的消费体验，进一步改变他们的消费习惯，激发Z世代人群的消费活力。围绕新技术，企业还将建立新的渠道和场景，以发挥新技术的最大效能，重塑人流、货流和供应链的前后端，建立新的消费流程。

在新消费流程中，商品被赋予人格故事、文化IP，以此迅速在新消费人群中建立认知、占领心智，以快速、高效地获得客户。新消费流程还要为客户带去更好的体验，这种体验可以引领各行各业的重新布局与洗牌。在新消费面前，传统消费方式会被逐步颠覆，而传统品牌如果无法努力适应新消费变化，其运营会变得举步维艰。

为此，企业必须真正理解新消费人群、新技术和新渠道。

1. 新消费人群

哪些人属于新消费人群？如果单纯从Z世代的定义出发，他们总体上出生于1995—2009年。然而，单纯的年份并不能完全定义Z世代消费者。

今天的消费市场同时呈现出下面这些景象：

80岁的祖母通过iPad与刚蹒跚学步的孙女视频通话。

内蒙古草原上的中年牧民上网观看剑桥大学的网络公开课。

一位40岁左右的男性,从耳机爱好者社群中买到了所在城市购买不到的器材。

一个中学生用3D打印机制作各种创意小首饰,然后通过互联网卖给喜欢追求时髦的女大学生们。

在这些场景中,品牌经营者并不一定都是大型企业,甚至只是个人。同样,消费者也并不一定都是年轻人,同样有可能是中老年人。这些案例的共同点在于,经营者和消费者都产生了变革消费方式的愿望,他们寻求简便而高效地建立彼此的需求联系,而不用采取传统的交换方式。

由此可见,我们所说的新消费人群,就是指以消费行为和消费偏好为标准去划分的消费群体,在这个标准下,消费人群不再以年龄、身份等标签归类,而是以消费什么样的产品和服务为划分依据。新消费人群,是融入移动互联网,能够紧跟时代潮流进行消费的,乐于以产品或服务表达个人情感与价值观的群体。这个新消费人群,与传统的消费人群区分开来。

相比之下,传统的营销模式对消费活动的理论分析,已显得略有落后。放眼各类新闻报道、品牌策划方案等内容,部分专业人士还在津津乐道于"中年消费者""老年消费者""青年消费者"之间的差异,他们依然习惯用代际界限的观点,指导市场机制、品牌经营的设计和判断。这些界限诞生于上一个消费时代,将消费人群强硬地划分成不同群体。然而,在新消费时代,这些界限正在逐渐变得暗淡。

2019年7月,中老年消费市场研究机构AgeClub在上海举办了"2019年中国老年消费市场创新发展论坛"。论坛上发布了趋势性的数据调研成果,该成果显示,中国老年群体的消费渠道正在从报纸、电视、电话等向老年电商、网红直播购物转变。

以阿里巴巴的电商平台为例。2013年,50岁以上客户数为170万,淘宝的销售额为70亿元;2017年客户数猛增到3000万,销售额猛增到1500亿元。人均消费

5000 元，人均购买商品件数 44 件。

以京东为例，2017 年，老年客户的消费金额比 2016 年增长 86%，人均年消费额为全站平均水平的 2.3 倍。在 2018 年 1—2 月的女性奢侈品消费中，56 岁以上女性客户的客单价，比 90 后女性客户还要高出 32%。

这些数据和趋势说明老年人的消费心理、消费方式和消费需求也在变得"年轻化"。

用年龄作为划分消费人群的依据，此时已变得并不科学。

事实上，很多中年人出生于 20 世纪 80 年代初期，他们亲身经历了 20 年来中国的互联网大潮。在他们的带动下，老一辈人早就消除了对计算机的陌生，或者跳过了 PC 时代，直接进入移动互联网时代。他们不需要阅读产品手册或接受培训，就能直接使用触屏、语音和穿戴等智能移动设备，轻松地跨越技术鸿沟，他们也不再将"电子游戏"看成洪水猛兽，而是乐于投身其中。当谈到购物或者消费时，他们想到的也不只是逛实体店，而是同时会联想到电商平台、在线比价……

正因如此，品牌方不能简单地认为"新消费人群 =Z 世代 =95 后"。新消费人群的共同特点，是拥有新的消费态度（只消费自己喜欢的，能表达自己情感与价值观的产品），产生了新的消费行为。在这一标准下，出生年龄就没有那么重要了。凡是能融入 Z 世代，接受其消费逻辑，或至少理解其中价值的人，都属于新消费人群。这意味着，广义上的新消费者，已不再局限于年龄标签，而是取决于是否接受新消费方式。

2. 新技术

作为新消费大厦内的底层架构基础，新技术的飞速发展和应用有目共睹。掀起罩在技术外表的神秘面纱，可发现其应用的三大方向，见图 2-4。

图 2-4 新技术应用的三大方向

新技术作用于品牌传播、品牌视觉、产品三大维度，满足了品牌年轻化的实际需求。

（1）第一个方向是品牌传播维度。无论是 5G 移动互联网，还是各类社交营销工具如微信、微博、抖音、小红书，或者是阿里巴巴、京东等电商平台，都在通过各种技术手段，对品牌形象进行广泛传播。

（2）第二个方向是品牌视觉维度，也就是品牌的直接吸引力。通过结合线上线下的设计技术，品牌开创新的设计原则，打造出新门店和产品外形、新品牌符号和色彩组合等视觉表达内容，给新消费人群带来不同的品牌感知。

视觉维度的技术创新，不应片面追求视觉形象颠覆，而是需要带给新消费人群更多更好的产品视觉体验，并保留原有的品牌特质。

椰树牌椰汁的包装策略坚持十余年如一日的"土味风格"。Word 排版的大号字体、艳丽的配色，24 小时开通的投诉手机号码……成就了产品线下外观形象的高辨识度。

该品牌开展线上营销后，大胆打破了传统的网页设计原则，继续使用"土味"风格进行形象设计，对新消费人群同样产生了独特的吸引力。

虽然椰树品牌并未掌握高超的视觉设计技术，但其品牌形象策略从线下到线上的成功延续，同样可以看成新技术在视觉维度上发挥的作用。

（3）第三个方向是产品维度。所有品牌所使用过的新技术，其价值最终都会汇聚到产品价值体系中。同时，品牌年轻化也是为了使产品更加符合新消费者群体的需要，提升产品品质和品牌附加值，丰富产品外延，拓宽产品能量，为新消费者提供更多的优质服务和消费体验。

为此，品牌方需要持续洞察新消费人群的消费态度和消费习惯，深入了解他们的生活和精神需求。随后，再反推产品和品牌需要革新的方向，这样才能让品牌与新消费人群的连接更深、更强。

3. 新渠道

在了解新渠道之前，不妨思考一下，什么样的品牌更成功，是属于全社会的品牌，还是属于某个企业的品牌？

在新消费时代，正确答案显然是前者。

企业不是拥有一个品牌，而是替越来越多的消费者去保管一个品牌，品牌必须围绕一群人的共同功能需求、审美倾向、娱乐需求、生活方式和价值观聚合资源，才能成就商业上的成功。

在不同的时代，即便完全相同的产品和品牌，所面对的消费者都截然不同，这是因为他们接触到的信息、知识面和审美趣味都发生了巨大变化。如果品牌不根据年轻化消费者的需求、审美和价值观进行渠道调整，就无法触达新的潜在客户，品牌的老化也将迟早到来。

从渠道角度看，所有品牌其实都一样，并没有必然的新旧之分。创立上百年的品牌，选择了正确的渠道进行自我表达，同样能让精准客户群体第一时间了解到自身价值内涵。而即便是大张旗鼓宣称针对年轻人的新品牌，如果选择了错误的营销渠道，也无法成功。

很多新品牌进入一二线城市开展营销，经常只会开一家实体店，甚至只是在天猫、京东等电商渠道上开一家网店，但将大量资源费用投放到抖音、微博、明星直播代言等"新"渠道上。类似做法并不罕见，但并不是每种品牌都能如此取得成功，原因很简单，"新"渠道并不代表"新兴"渠道，而应是富含"新"创意的渠道。

品牌方应相信，在渠道上，新和旧并没有绝对化的衡量标准。曾几何时，电商平台也被看成崭新的零售渠道，但今天，电商已是品牌营销的必不可少的配置。同样，今天的抖音、微博、明星直播，也将成为品牌触达目标圈层的"标准"渠道。渠道的本质是品牌文化、精神、形象的流通平台和途径，渠道的意义在于使传播途径最大化。对不同的品牌而言，只要渠道能最高效地将信息、关注度、价值聚合在一起，就是最适合自身的"新渠道"。

在人们的印象中，传统茶叶普遍在农贸市场、茶城销售，最好的渠道是茶叶专卖店，而消费者网购茶叶也普遍在天猫、京东这样的大型电商平台。但小罐茶这样的茶叶品牌，却选择了在高端商场销售，甚至将重心放在线下而非线上。无论从传统茶叶品牌渠道看，还是移动互联网营销角度看，都是反常规的选择。但高端商场这种看似传统的品牌营销渠道，恰恰迎合了小罐茶主流消费者的需求，取得了很高的品牌传播效率。

新渠道的搭建原则，不仅在于提升品牌形象的传播效率，还在于减少产品触达消费者的过程环节，降低消费者了解品牌、获得产品的成本。

近年来，很多国货品牌之所以取得成功，离不开 DTC 品牌营销模式的助力。图 2-5 是传统品牌营销模式，图 2-6 是 DTC 品牌营销模式。

图 2-5 传统品牌营销模式（2010 年前）

图 2-6 DTC 品牌营销模式（2010 年后）

DTC（Direct-To-Consumer）品牌营销模式，是指品牌直接面对消费者的营销模式，包括任何以终端消费者为目标而进行的传播活动。这种营销模式与传统营销模式相比，更贴近消费者，更注重对消费行为的研究和生活形态的把握。

DTC 品牌营销模式的重点在于，品牌方舍弃第三方，建立社群和线下体验店，让品牌直接面对消费者讲故事。消费者对直接获取信息的需求越来越强，这种模式也能使得他们对品牌的认同感越来越强。

以完美日记的 DTC 品牌营销为例，其主要特征如下。

完美日记的品牌宣传摒弃了传统电视广告、平面广告等巨大投入，以社交媒体平台小红书、微信个人号为主导营销方式，使品牌认知直达社交客户，实现最直接的互动。根据行业内部的保守估计，完美日记有上百个小红书个人号，其统一标识为"小完子"。按照平均每个个人号 3000 个粉丝的标准计算，其在小红书平台上的总粉丝数量已达到 30 万。重要的是，上百个小红书个人号均关联真实微信个人号，不仅具备关键词回复等品牌营销功能，还会有真实的客服在微信平台上回复咨询。这些小红书个人号还会开展各种活动，包括直播和抽奖等。这些方法的结合，不仅提高了营销效率，也保证了传播质量。

完美日记其实并没有找到新的品牌营销平台，从小红书到微信，平台依然是原有的平台，但渠道实则完全改变了。品牌方通过多渠道引流、建立私域流量池和内容营销，打通了一条由品牌直达终端客户的新渠道，形成持续、精准的连接。

新渠道的开通、建设和维护，需要专业的团队去运营。品牌方只有充分投入，组建专业组织架构，将正确的人放在正确的位置上，新渠道的践行才能体系化、标准化，形成战略层面的创新突围。

05 从流量时代到内容时代，场景如何变化

曾几何时，品牌营销比拼的是流量。诸多品牌或利用资源或利用"蛮力"，不断刷新获取流量的方式。

据联合国预测，2030年，中国劳动年龄人口总数将由9.3亿降至8.5亿，年轻人口下降幅度更大，半数中国人口将开始步入老年。长期来看，人口红利渐行渐远，品牌依靠客户流量的自然增长，维持销售增长与价值活跃的时代逐渐结束。随着时间的推移，品牌发展将越来越困难。

品牌方必须转变思维方式，从增量思维变为存量思维，遵循"从有到优"的原则，不断提高内容质量与创新性。

1. 直面流量瓶颈

品牌方对流量的焦虑正日渐明显。在流量红利时代，流量的重要作用导致各路诸侯蜂拥而上。然而，流量的蛋糕毕竟有限，在这场零和博弈中，有风光者就有落寞者，缺少流量，导致品牌无人问津的情况亦不少见。即便是曾经依靠流量成功做大的国货品牌，也会面临流量瓶颈的掣肘。

目前，品牌的流量瓶颈主要表现为以下三个方面。

（1）引流模式单一，净利润有限。以三只松鼠和转型后的百草味为例，二者都以电商运营为核心模式，曾经非常依赖天猫等电商平台的引流。但随着获取流量的成本变高，品牌的净利润空间明显受限。而曾以线下流量渠道为优势的良品铺子，

尽管后期也扩大线上业务，但同样因为流量获取成本高而导致净利润不高。

（2）渠道单一，流量增长空间有限。不少品牌虽然都知道"新零售"的重要意义，也在跟随这面大旗呐喊，但真正的冲锋手段则有限。这些品牌一时无法摆脱原有的流量和营销渠道，甚至反而被这些渠道所绑架，难以开辟新的增长空间。

（3）创新不足，引流手段同质化严重。品牌的互联网营销之路已走过多年，同质化问题成为通病。引流平台相互重叠、手段大同小异，引流的对象也越来越接近……可想而知，为了寻找新的流量，营销手段必须做出有效改变。

因此，品牌方必须要做的是，打破流量瓶颈，释放流量稀缺引发的焦虑，找准新的爆发武器。

2. 内容引流之道

新消费时代，品牌成功的关键在于内容，也可以将其理解为品牌必须通过内容赢得流量。

随着竞争的加剧，内容这一资源的重要性不断凸显。无论品牌最终发力于私域流量还是公域流量，内容都成为品牌背后的利器，成为流量获取的重要入口。

内容能展现出商品富有活力的一面。内容是温暖的、感性的，区别于商品本身，甚至区别于企业文化、品牌内涵。一个品牌如同一个人，而内容则是与这个人相联系的故事，受众会首先期待倾听"人"的故事，随后才愿意去接触"人"的个性、经历、价值观。

3. 内容引流，重在场景

在海量信息时代，品牌仅懂得内容引流远远不够。如果找不准清晰表现品牌文化或产品特点的内容，就很难引起目标消费者的注意，导致错失引流先机。

内容引流的本质，在于用文字、图片、视频等载体，"盯"住目标人群，"勾"住他们的心，最终使得消费者在购买产品时，会优先选择这个品牌。

打造优质内容引流，既要洞察目标人群的需求，也要搞清楚他们对企业、对产品、对行业的认知程度。

例如，同样是定制家居，某品牌以"定制你的家"作为内容，试图进行引流。但当时大部分消费者没有购买定制家居用品的意识，这种内容所产生的引流价值就相对匮乏。

另一品牌则运用了"姐马上要生二胎了！请问儿童房该怎么设计，才能装下两个熊孩子"文案，配上儿童房定制设计图进行展现。这一展现的特征在于营造出具体场景，使目标人群联想到二胎生活及其背后的故事。当消费者被这种温馨家庭场景所吸引后，他们就会记住品牌，并在产生实际需求时，偏向选择该品牌。

品牌的内容引流，必须确保场景的高效传达，而传达场景则是为了让目标消费者快速感受品牌和产品的特点。目标消费者没有时间和精力去费力揣摩内容究竟在传递什么场景。这要求品牌方应站在消费者的角度，以他们所习惯的联想式、口语化去表达，去塑造他们熟悉的场景，并描述品牌和产品的特点内容。这样的内容才能降低理解和传播的难度，吸引到足够多的潜在消费者。

在信息传播碎片化的趋势下，品牌引流变得越来越难。通过品牌内容设置场景，促进引流竞争力的提升，能有效提高引流效率。只有当消费者能通过内容在很短时间内充分了解到品牌对自身的价值，品牌才能吸引更多关注，获得更大支持。

案例拆解：KKV 的年轻化品牌基因

似乎一夜之间，零售集合店的风向发生改变。屈臣氏、万宁这样的传统集合店，正面临营收下降甚至关店危机。与此同时，新零售集合店正在各大社交平台展露其品牌价值和扩张能力，KKV 就是其中的代表。

从 2019 年开始，KKV 旗下零售集合店 KK 馆线下门店开业，随后在全国 50 多个城市开启线下门店，并不断扩张。KK 馆在线上拥有独立 App、小程序等不同电商形态，在线下则分为三种类型，分别是面积为 200 ㎡左右的标准店、面积为 300~500 ㎡的黑金店，以及面积为 1000 ㎡以上的旗舰品牌 KKV。

KK 馆所销售的产品品类包括美妆、零食、文具、饰品、家居用品等，线上线下多渠道涵盖日常生活的每一领域，让诸多消费者产生了"买进口，选KK"的共鸣。其中，试水门店几乎全部开业后即爆红，部分城市的门店开业不到 2 个月时间，就有近 70 家头部购物中心主动接洽招商。

KKV 获得成功，得益于其品牌经营上的系统思维和全面落地。通过系统思维，KKV 解决了效率问题，对品牌管理细节进行系统化处理，甚至深入化妆品柜台的整洁上。同时，由于团队具备跨界思维和执行能力，KK 馆门店的布置非常独特，包括饰品墙、面膜墙、口红墙、红酒墙的设置等，富有视觉冲击效果，自带强传播属性，在零售界产生了前所未见的营销效果，自带年轻化的强传播属性。品牌整体呈现出极高的运转效率，也让客户能购买到多元化的优质商品。

品牌的基因来自于创始人的基因。KKV 的品牌经营体现出的系统管理、跨界思考、细节创新和执行力强大的特点，无疑都来自于其创始人吴悦宁的经营理念。

从亏损千万元，到"三无"开店

2014 年，吴悦宁辞职后在东莞开了一家便利店，取名 KK 馆。他的创业想法层出不穷，很快又开出四家分店。但不到一年四家 KK 馆共亏损上千万元，吴悦宁急到彻夜失眠。痛定思痛，他发现，在餐厅都纷纷进驻购物中心的时代，一线城市普通社区的购买流量已经被大型商业综合实体"吸"走了。于是，他很快关掉了最初的四家 KK 馆，投入了购物中心的"怀抱"。

KK 馆的第二次定位是进口集市店，目标人群是购物中心的主要客户，特别是 90 后、00 后年轻女性，着力迎合她们爱吃、爱美、持家有道的特点。KK 馆组建了 30 多个人的专业买手团队，在全球各地搜寻优质"爆款"产品，一旦发现高性价比产品，即联系厂家集中采购。很快，KK 馆搜集了包括零食、母婴、彩妆、护理在内的各类产品品牌，并不断进行优化和升级。这条来自海外的供应链，确保了 KK 馆形成了自身的核心竞争力。相比之下，国内其他线下渠道并没有平价的进口商品店，普通客户终于找到了自己想要加入的"组织"。

很快，吴悦宁又遇到了新的问题。他发现，虽然购物中心能带给店里更多的人流量，但看的人多，买的人却很少。直到一次偶然的机会，他和几位客户交流，才了解到 KK 馆的店面装饰得时尚华丽，使客户的注意力转移到店铺上，本能地认为产品价格昂贵、华而不实，所以才选择只逛不买。

吴悦宁反思后得出了结论："做零售的，如果总是有人夸你的店面漂亮，那也就离死不远了。"他认为，真正厉害的线下零售店铺，不应该让空间喧宾夺主，而是要让产品去吸引客户。遵循这一逻辑，他对 KK 馆进行了新的极简主义转型。

例如，他砍掉了咖啡吧、书吧等非核心业务，专注于进口商品的销售。为了让产品更为精炼，在选品时更强调"爆品"和"性价比"，将每个店铺内的产品品牌序列缩减为原有规模的一半，每周上新的同时，淘汰销售不佳的产品。在店面人员数量上，200 ㎡ 的店面只配 6 个人。虽然可能短期影响销售业绩，但店面面积更小、净利润更大，更容易生存和发展。同时，吴悦宁要求店员不要主动干预客户，直接取消导购和面对面销售服务，所有人只需进行理货、收货和巡店，员工甚至不着统一工作服，因为他认为穿制服的店员会让客户觉得不自在、有压力，并选择更快离店。

在此基础上，吴悦宁形成了独具特色的"三无开店"理论，即最好的服务就是无服务、最好的空间就是无视空间、最好的产品就是无品牌溢价。

吴悦宁不仅推行"三无"管理，还推行"一有"制度，即有一套高度标准化的经营制度。

无论是北上广，还是新一线城市，每一家 KK 馆都推行高度标准化的经营制度。从灯光亮度、货架高低到播放音乐的时间段、音量，全部都有统一标准。在人员上，每家店标配为 6 名员工，专门负责收银和摆货，而这些工作职责的具体履行也都各有一套标准化手册。

吴悦宁知道，"人治"必然会消耗企业管理者大量的精力和时间，当规模达到一定程度后，管理者将无法顾及细节，只有"法治"才能确保模式复制到位，让所有细节问题都能迎刃而解。因此，从 2017 年开始，KK 馆在两年内迅速开出 200 多家分店，而并未遭遇管理的"变形"和水准的下降。

借助"三无一有"理论，KK 馆进店转化率提升到 60%，坪效达到每月 4000 元，部分爆红店能达到每月 8000 元，平均每家店月收入超 60 万元。这个年轻的品牌一年营收十多亿元，书写了零售行业中的一段传奇。

线上线下，齐头并进

KKV 的成功，也在于其正确看待了互联网与新零售的关系。该品牌发掘出不同模式的优势，将之结合于一体。

实际上，KKV 面对的线上环境并不宽松。此时，电商已经有了十余年突飞猛进的发展，在线流量成本越来越高。KKV 选择的方法是自建流量池，它既没有选择在天猫、京东上开店，也没有选择微信平台，而是利用线下门店作为流量入口，进行针对性极强的导流，将线下门店客户变成线上 App 的使用者。

但是，线上版 KKV 又并非线下渠道的简单移植。在选品上，客单价更高的产品被放到线上，而客单价较低的则放在门店销售。线下门店面积有限能摆放的商品数量有限，而线上空间则大得多。利润空间小的商品在线下销售并不划算，但放到线上却能带来极高的利润率。

当然，作为一家主打线下的新型零售品牌，KKV 更侧重于研究年轻消费者在线下的喜好。KKV 主打的饰品墙、面膜墙、口红墙，既有进口的优质品牌，也有亮眼的新潮国货，在商品品类上不断贴近年轻人的喜好。例如，白T恤、牛仔裤、小白鞋等是年轻人服装搭配的共同爱好，而进口零食、红酒、养生汤包、宠物用品、手账等又符合年轻人多元而碎片化的消费趋势。

仅有这些产品还不够，为了更快更准确地满足客户的喜好，KKV除了参考在线跨境电商和线下进口渠道的数据外，还对全国门店的商品管理、陈列、补货等所有环节信息进行搜集整理，尤其围绕商品销售数据进行及时分析和跟踪，以便开发新品、淘汰旧品。

无论是线上还是线下，KKV都始终以客户为导向，而并非以传统思维模式看待品牌营销。

围绕客户导向，首先要把控商品质量。海外进口商品的质量问题始终是跨境零售的痛点。KKV坚持所有商品都必须获得授权并开具正规开票，所有商品都必须经过供应商筛选、第三方检验、海外验厂、商品验入四个环节来把控制质量。

质量控制只是第一步，真正严格的考验还在后面。以新品上架为例，KKV每月的"上新"，都会经过选品、到店、测试和留存四个步骤。其中，上新的测试期为两周。在这段时间内，KKV会结合新产品特征，根据区域和商圈的特性进行匹配测试，以决定放在何种门店的何处位置。如果测试的效果不好，商品就会被下架。

经过严格的选品和测试过程之后，摆在KKV货架上的都是销量好、口碑佳的"爆品"。由于月采购量大，供应商给予的价格就相当优惠，而KKV普遍采取大规模现金直采的方式进行支付。无账期采购在国内零售行业并不多见，因此供应商更愿意与KKV进行合作。KKV不仅从中得到稳定的货源，还能拿到同品类中更高质量的商品、更低的价格。因此，KKV作为一家线下店，在面对租金、人工、水电等成本压力的同时，大部分商品的价格却能和电商保持一致，有些商品的价格甚至更低。

以客户为导向并非仅限于质量，还包括服务。KKV线下门店包括自营和加盟两种，为了保证这些门店的服务水准，KKV从商品仓储和配送着手加以提升。KKV采取自建仓储的模式，前期投资较大，但随着区域性店铺数量的不断增加，边际成本逐渐降低，自建仓储的优势越来越明显。

KKV 品牌基因的年轻化，在于"效率"二字。是"效率"让 KKV 删减了不必要的服务，抓住了产品质量。同样是"效率"，让 KKV 始终以客户为中心，成长为现代化的新零售企业。今天，KKV 品牌的年轻化依然在路上，其未来的成长足够可期。

案例拆解：俞文清燕窝水的突围之路

产品的外包装重要吗？颜值真的能改变产品价值吗？在品牌年轻化的过程中，俞文清燕窝水对此给出了最佳诠释。

包装的重要性并不只是好看，而是一场营销表演。俞文清燕窝水的包装与众不同，其瓶身获得国家外观设计包装专利，瓶身直径与瓶高呈现 3:1 的黄金比例，瓶口有 38 厘米的大口径，最大限度地增加扭矩和静摩擦力，280 毫升的环保容量，既轻盈也不容易造成浪费。更特别的是，产品采用了独有的"俞文清蓝"，在蓝与绿中找到融合平衡，更与象征幸福的知更鸟蛋颜色接近。

对今天的快消品而言，包装绝不只是为了便于运输，而是赋予产品更多的营销属性，带给目标客户不同的产品体验。例如，"俞文清蓝"与市场上所有饮品的颜色不同，放在货架上会立刻带给客户抢眼的感觉，这就如同移动的品牌形象展示，契合产品首创燕窝水品类的独特性。

俞文清燕窝水的客户群体最先锁定为都市白领，这部分客户对品质有着极高的要求。俞文清燕窝水为了凸显自身的差异化，"产品精细""礼品属性强"等均成为品牌的既定标签。为此，必须通过视觉上的冲击，让普通客户接受这样的标签，产生正面联想。

俞文清燕窝水的形象展示并不只是在包装上。品牌推出之初，该品牌就在上海外滩的花旗银行大屏幕"霸屏"长达一周时间，更在上海地区微博、微信引发大量讨论、关注和转发，曾登上微博话题热搜榜前三名，在全媒体平台获得过亿的曝光量。这样的一抹"俞文清蓝"，不仅出现在客户的消费过程中，同样也渗入客户的生活中。

因为品牌较小众，所以目标客户和新品牌之间有一定的距离感。越是这样，品牌越是要利用精美的形象包装，去影响客户的心智拉近距离。

案例拆解：超级猩猩健身的魔力究竟在哪里

近年来，随着生活节奏的不断加快，不少人的身体出现问题。艾媒咨询的调查报告显示，2019年我国肥胖人数超过了2.5亿。

在这种趋势下大众对健康的关注度与日俱增，越来越多的人开始加入健身行列当中，我国的健身行业也获得良好的发展机遇。

但纵观我国健康行业市场，传统健身企业居然遭遇寒冬，大量健身房相继倒闭。造成这种现象的原因非常简单，传统健身行业同质化竞争严重，行业整体缺乏特色，品牌标签不明。

在这样一个市场需求大、品牌产出小的发展趋势下，有一家健身品牌脱颖而出，不仅倍受客户好评，且被众多媒体报道，这就是超级猩猩。

2019年2月，超级猩猩完成了3.6亿元的D轮融资，成为我国健身行业中获最大融资的明星品牌；

2020年6月19日，超级猩猩入选《2020胡润中国猎豹企业》；

2020年7月24日，超级猩猩获评艾媒金榜(iiMedia Ranking)发布的《2020年中国新经济准独角兽垂直领域榜单本地生活TOP15》榜单前15名。

如今，这家健身企业已经在全国开设了100多家门店，各门店日常满员率高达70%，高峰时段排队订单超过200%，亮眼的数据标志着超级猩猩开始带领我国健身市场进入蓬勃发展的阶段。

那么，超级猩猩为何可以打破市场困局，成为用户青睐的品牌？现在我们就来揭示超级猩猩背后究竟蕴藏着哪些独特的魔力。

从"卖给更多客户"到"卖给客户更多"

超级猩猩将客户群体定位于25～40岁的工作人群，因为这个群体在快节奏的生活下缺乏有效运动。超级猩猩摒弃了"游泳健身了解一下"的传统营销模式，而是采用增强客户体验感，利用圈层口碑营销的方式进行推广。

因为超级猩猩的客户群体精准，所以解决客户痛点的路径更短。对比传统健身行业的健身房，超级猩猩的新型健身房更注重效果，所以在客户体验阶段，超级猩猩会根据客户爱好、客户实际情况提供更多选择，推荐更有效的课程。为了提升客户的体验感，超级猩猩甚至还引进了专业系统的课程，这些课程完全从客户角度出发，满足了客户"燃脂、塑形、减压舒缓、体态改善"的全面需求。

截至2020年，超级猩猩已经拥有100多门优质健身课程，粉丝团课更是保持每三个月更新一次。

在超级猩猩的健身房中，客户会被分为两类。一类为"健身效果不够好"，另一类为"健身效果非常好"。针对"健身效果不够好"的客户，超级猩猩会对课程进行调整，及时改善客户的健身效果，用丰富的健身项目满足客户的各种需求。

超级猩猩将客户定位为群体，而不是单独的个体。原因非常简单，25～40岁的工作人群拥有丰富且紧密的圈层，有利于做圈层营销。就这样，超级猩猩从"卖给客户更多"转变为"卖给更多客户"。

精细到数字的精细化运营

由于客户群体是年轻人，所以超级猩猩选择了年轻人喜欢的运营方式——精细化运营，并且超级猩猩把精细化运营精细到了数字，进而提升了客户的服务体验感。

超级猩猩设计了一款健身小程序，通过这款小程序超级猩猩的教练可以准确了解客户的实际训练数据，之后再根据数据分析，给予不同用户差异性的指导。

例如，在同一节战绳课上，超级猩猩教练会为每一个学员制定不同等级、不同运动量的训练方案。这些方案正是基于客户的实际数据而制定的。

在这种精细化运营的模式下，新老客户不会出现太大的隔阂感，很容易融为一个整体，训练氛围更加融洽。

超级猩猩CEO跳跳曾说过："客户是公司的保障，从这一点上看应该尽可能多地获取他们的数据，更了解他们。但是在内部，我们首先考虑的是，每获得一项数据，比如年龄、性别、体重、生活习惯，我们能为客户提供什么价值。在整体的数据采集上，我们还是保持节制。公司内部也不允许随意调取客户数据。此外，也只有当我们像家庭医生一样，每获悉一项数据就提供一项建议或者服务，客户才会更经常地更新他真实的数据。提供了恰当的服务，收集到的数据才是更有价值的。"

传统健身行业逐渐被市场淘汰的一个原因正是对客户健身效果的不重视，即便健身教练对客户的健身效果足够重视，但缺乏对客户准确的了解，制定的健身方案自然也无法令客户满意，这就是精细化运营与传统运营方式的本质区别。

事实上，品牌精细化运营的受益者是客户，这也是客户喜欢品牌精细化运营的原因。品牌精细化运营的程度越高，产品品质就越好，客户使用效果就越突出，自然更加青睐。

颠覆付费模式，补足行业短板

传统健身房最大的难点在于客户留存，不少健身房客户在年卡到期后不会选择继续付费，主要原因仍在于客户体验不佳及健身效果不好。

这类问题的出现与传统健身行业的付费模式有关。传统行业付费模式为年费制。客户购买年卡之前，健身教练将其视为亲人，悉心教导。一旦客户购买年卡，健身教练对其关注度便大幅下降，转身去开拓其他客户。

这成为健身行业的恶性循环。老客户基本无法留存，同质化竞争下市场开拓毫无定性，最终健身房只能将自己慢慢拖垮。

同时，这种不追求客户黏性，只追求新客源的付费模式让大多数客户感觉购买年卡就是一种错误的冲动消费，购买年卡后客户对健身房的好感大幅降低，很难产生任何口碑营销效果。

超级猩猩采用了不卖年卡、单次收费的模式。如果客户体验不佳，完全可以选择放弃后续课程，就是这种付费方式，不仅降低了客户的消费压力，而且提升了客户体验感。

很多人认为超级猩猩的付费模式风险太大，毕竟健身房是需要高额投入的实体场所，没有"预付费"模式的支撑，一旦客流量减少，健身房将立即陷入运营危机。

但超级猩猩用事实证明颠覆传统的付费模式，不仅不会产生运营危机，反而会补足行业短板，增强客户黏性。因为预付费模式看似长久，但潜在危机更大。

例如，传统健身房年卡费用一般为 2500 ~ 3000 元，但分摊到每个月后每位客户仅 200 多元。这 200 多元要对应器材、水电、教练、保洁等各项费用，实际运营下来利润所剩无几。且在预付费模式下健身房发展中的很多问题不会被第一时间发现，当市场开拓受阻时，大量问题凸显，健身房才会陷入真正的危机当中。

反观超级猩猩的付费模式，只要把品牌做好，把当月的工作任务做好，就不会堆积潜在不利因素，且随着用户黏性的增加，未来的发展会更加轻松。

事实证明，付费模式并不是健身行业发展的决定性因素，品牌品质才是这一行业发展的重要驱动力。做好品牌才可以产生社群效应，赢得用户的青睐与肯定，一旦发展重心发生偏移，则很难在年轻群体中获得认可，必将被行业淘汰。

第 3 章

小众品牌正当时，品牌如何逆袭为王

品牌营销曾走过数十年的"大"时代。彼时，成功的品牌光芒万丈，无论是亿万人关注的春节联欢晚会，还是人流如织的机场、车站，都会有这些品牌的身影，无时无刻不在你眼前闪耀。

Z世代登场后，转瞬间终结了大者为王的局面。小众品牌四面出击、占地为王，在每个垂直行业中，都能见到"小而美"的品牌，在分割"大而强"的消费人群。

这是逆袭的开始，亦是小众品牌锋芒毕露的时代！

01 所谓小众品牌,是你眼里的小众吗

Z 世代人群数量不断增加,在社会总人口结构图里,叠加出高耸的金字塔形状。在此过程中,品牌世界运作的诸多法则逐渐被瓦解。影响力法则与资本运作曾是品牌发展的重要框架,但此时框架内部的结构也正经历深刻变革。

曾几何时,"大品牌"主宰全民喜好成为一种必然。仅仅十余年前,麦当劳和肯德基、星巴克、阿迪达斯和耐克、宝马和奔驰、苹果和三星……这些品牌几乎瓜分了其所在品类的大部分消费市场,其他"小品牌"只能紧随其后、亦步亦趋。

同样,在过去的几十年中,品牌影响力的渠道被大型媒体所完全掌握,它们始终扮演着声音最响亮的扩音器角色。1995—2012 年,央视新闻联播节目开始前的 5 秒钟广告价格一路攀升,从 3.3 亿元上涨到 142 亿元,令人瞠目结舌。然而,遍地开花的新媒体时代很快到来,随着传播渠道结构的变化,品牌方意识到,"大品牌"并不见得成功,"小品牌"也不见得就没有未来。

总结小众品牌的表现,我们可以发现以下规律。

规律一,小众品牌虽然属于少数派,但市场总和有可能很大。

规律二,任何知名品牌在爆发之前,都是小众的。

规律三,你眼中的小众品牌,有可能是别人眼中的"大品牌"。

1. 小众消费心理效应

常见的小众消费心理效应,相信你并不陌生。

（1）多重人格心理。Z世代群体乐于强调自己的多面性，他们中有很多人认为自己身体内有多个"灵魂"，每个"灵魂"的表现都不同，甚至这些"灵魂"的年龄、智商、性别、习惯都不尽相同。每个"灵魂"彼此独立，一种"灵魂"出现，另一种就退场。在这种多重人格心理的作用下，消费者可能在某些领域热衷大品牌产品，在某些领域无所谓，而在特定消费领域有着特殊的"心头好"。

（2）搜集癖。部分消费者在社会舆论环境的影响和驱动下，会产生一种心理乃至生理上无法克制的寻找新消费目标的冲动。只有当他们不断"买买买""拆拆拆"时，才会缓解类似冲动。在这种搜集癖的作用下，他们会尤其钟情于发现特别的小众品牌，并积极体验其商品功能。

（3）特殊化心理。该类心理的消费者同样不太合乎主流，但他们是主动表现出与众不同，刻意让自己特殊化，成为别人眼中的焦点。例如，他们吃了特别的食物，看了首映电影，去了冷门旅游地点，都会发朋友圈。他们相信这些闪光点能让自己变得与众不同，并能获得认可和赞扬。产品品质过硬、富有科技含量的小众品牌会让这类客户追求特殊的心理得到充分满足。

（4）"下一个更好"。有这类想法的消费者，总是会为自己没有做出的选择找借口，或者期待新的惊喜。因此，如果他们发现小众品牌能从新的角度挖掘其自身需求并加以满足时，他们就很容易认可小众品牌的价值。

上述心理现象在Z世代人群中相当常见，支撑了各个消费品品类的"长尾市场"。因此，某一个小众品牌虽然可能并没有太多消费群体，但"小众人群"相加，就会形成庞大的"长尾市场"，这样的市场，正是小众品牌的逆袭基础。

2. 小众品牌的过去、现在和未来

所有的知名品牌，都曾有过小众的开始。如今，人们很难想象那些全球知名、家喻户晓的标志性品牌，是怎样从小众品牌壮大起来的。

世界闻名的搜索引擎谷歌诞生于斯坦福大学研究生学院，最初只是两名学生的

课程项目。他们的愿望是创建更好的搜索引擎。在项目开始了22个月后，谷歌才建立了公司，并逐渐拥有了使用客户。这些客户都只是斯坦福大学的学生，他们以口口相传塑造了谷歌最初的小众品牌形象。二十多年后的今天，谷歌已成为互联网服务品牌巨头。

在Z世代消费者数量庞大的今天，小众品牌领域风起云涌。由于对消费人群的不断垂直细分，面向不同的消费群体，可能迅速崛起不同的小众品牌，并形成强有力的传播。而在群体之外，这些品牌的影响力则可能相当匮乏。

大学教授们可能从未听说过"二次元"学生所喜欢的服装品牌，公司领导也搞不懂年轻下属们喜欢的剧本杀品牌是什么。即便生活在同一个屋檐下，太太在用某款网红推荐的东欧品牌口红，丈夫经常上网看某工作室制作的钓竿，两者之间也经常难以沟通……由于消费人群的细分，"小众品牌"越来越多，你和朋友们都觉得非常陌生的品牌，可能是别人耳熟能详的"大众品牌"。

随着消费者日趋年轻化，消费群体细分将更为碎片化、小众化，小众品牌日益成为消费者群体的重要选择。尽管小众品牌中确实有不少属于小品牌，但小众品牌并非杂牌或者廉价的代名词。

未来，也许每个领域都会出现一批成功的"小众品牌"，它们将争夺不同的心智阵地，打响白热化的品牌战争。

02 小众品牌与传统品牌哪里不一样

广义上的小众品牌，是指了解者较少、新生的并未全方位打开市场的初创品牌。今天的小众品牌概念表现得越来越具"颠覆性"。

以服饰品类为例，小众品牌往往指由经验丰富的名家设计师、曾经服务于大牌品牌的设计师或者个性鲜明的独立设计师创立的新锐品牌，多为手工限量生产，性价比高，甚至拥有收藏和投资价值。其他更多领域的小众品牌同样各具特色。

1. 小众品牌的特性

从市场化角度而言，小众品牌并不算严格的品牌分类，也不能将之看成大品牌的替代品牌。这是因为替代品牌通常非常接近惯用品牌，通常没有自身的突出个性特征，当消费者无法获得惯用品牌时，这些替代品牌就会派上用场。与此相反，无论出于意愿还是现实因素考虑，小众品牌都不可能成为流水线上的规模经济单元，而是有一定的特殊性和稀缺性。这导致小众品牌产量有限，比如那些全手工制作的品牌的产品，可谓"物以稀为贵"，甚至有钱也买不到。

从针对性来看，小众品牌不仅不依附于大众品牌，反而正努力打入这些品牌所覆盖的消费者群体边缘，从中找到更为垂直化、细分化的目标客户。因此，小众品牌的客户数量更少，范围更小。而小众品牌也因此表现得更加精英化、更有针对性、更具人性化，也更注重客户的体验。

从产品构思上看，小众品牌更注重以产品创作的概念来传递设计理念，形成品牌所特有的文化，从而凝聚目标消费者。小众品牌的功能和外形设计具有绝对别致、难以复制、辨识度高等特点。比如小众香水品牌，在香味和成分组成上下功夫，而并不和大众品牌比拼广告、包装，因为后者更多倾向于资本运作，而不是依靠设计开发。

2. 小众品牌与传统品牌的对比

与传统品牌相比，小众品牌在定位、设计、营销、数字化、展示方式、传播工具等方面，有着显著的不同。

表3-1到表3-6是小众品牌与传统品牌的对比。

表 3-1 定位关键词对比

传统品牌	小众品牌
成为第一	实现佳绩
占据特性	消费者主导
领导地位	类领导地位
经典	新国货
市场专长	世界独有
最受青睐	种草
制造方法	流量池
新一代	年轻化
热销	现象级

从定位上看，小众品牌与传统品牌在市场定位、客户定位、价值定位上有着显著区别。

市场定位上看，小众品牌不标榜领导角色，不追求成为第一，甚至不追求拥有专有的市场。相反，它们集中注意力在"第二集团"的领先位置上，努力创造上佳的品牌绩效。如果说传统品牌是叱咤风云的雄兵，那么小众品牌更像是独步江湖的剑客，前者希望一统天下，为此鏖战不休，而后者则希望活出自我，快意人生。

价值定位上看，小众品牌并不奢望成为经典，而是以"新国货""私房推荐"等来定位自我。他们对营销的价值定义也和传统品牌不同。传统品牌总是在不断制造更为精准高效的营销方法，努力提高销量。小众品牌则重在养成自己的客户流量池，即便不推出新的方法，也足以维系自身的成长。

在看待客户的价值上，小众品牌将消费者看成主导者角色，因此围绕他们的需求特点来打造品牌内涵价值。小众品牌希望客户能对自身形象种草，即感受到持续、潜移默化的内在吸引，当"种草"累积到一定程度后，即可引发一定期限内针对某个特定群体的销售高峰，这种销售高峰可看成现象级的品牌表现。与此相反，传统品牌认为自己应占领消费者的需求特性高地，它们希望自己是客户最青睐的，并能因此而长期热销。

表 3-2 设计关键词对比

传统品牌	小众品牌
超级符号	青春色
经典图形	故事 IP
新老结合	全新呈现
传承	国潮
一言堂模式	听取大众的声音
"自嗨"模式	对标全球
节约	创新第一
初心不改	雄心壮志
色彩单一	丰富完美

在品牌外形如 Logo、包装、视觉形象等方面，小众品牌凸显青春色彩，追求丰

富完美的多元化呈现,并努力将故事融入视觉表现中,对特定消费人群产生从视觉到理性的冲击。为此,小众品牌不再闭门造车,广泛听取目标客户群体的意见,同时也多方了解别人的看法,甚至还会对标全球开展竞争。由于品牌设计人员本身大都来自目标客户群体,因此他们相较于传统品牌更容易了解真实情况,避免了一言堂、"自嗨"等弊端。

综合来看,在品牌设计和表达上,小众品牌目标精准,因此表现出针对特定客户群体的雄心壮志。它们力求在现有品牌设计市场上找到创新资源,而不会为此吝惜成本,它们最终要引领的是特定行业与品类中的"国潮"现象,而并非类似于传统品牌所提倡的传承。

表3-3 种草营销关键词对比

传统品牌	小众品牌
明星代言	头部 KOL
新闻稿	改变适应
行政笔杆子	相信专业
单向输出	KOC
从上而下改变	普通人领袖
一般不变化	发现 UGC
步步尝试	快速决议执行
速度缓慢	"复兴号"
自嗨	众乐

在移动互联网环境下,社交与品牌传播融为一体,种草是品牌营销中不可缺失的部分。面对种草这种营销方式,小众品牌表现出与传统品牌截然不同的态度。

在种草方式上,小众品牌看重头部 KOL⊖、KOC⊜、UGC⊜、普通人领袖等渠道资源,并非常熟悉这些渠道的执行流程,能根据品牌的进化阶段,找到不同的主

⊖ Key Opinion Leader,关键意见领袖。
⊜ Key Opinion Consumer,关键意见消费者。
⊜ User Generated Content,客户原创内容。

力"种草"渠道,选择不同的传播风格,在社交平台上发起一波又一波的种草"战役"。

在种草内容上,小众品牌相信专业的网络的种草力量,对宣传文本、图片、视频的内容风格进行积极改造。

在种草执行上,小众品牌速度极快,一旦决议形成立即执行,并追求群体性的认可,营造集体欢乐的氛围。

正是上述不同点,使得小众品牌种草能力极强,将无处不在的社交平台变成了品牌展示的大本营。

表3-4 数字化关键词对比

传统品牌	小众品牌
想尝试	行动派
没信心	信心十足
小程序	各种头部电商
不推广	疯狂推广
拒绝	渴望
固执	自我检讨
不投入	快速投入
速度慢	"复兴号"速度
"自嗨"	以热点创造流量

小众品牌诞生在大众品牌的包围重压之下,其对数字化的渴望显而易见。小众品牌积极尝试一切数字化营销方法,在成本能接受的情况下,它们愿意利用更多头部电商平台,对品牌进行包装展示,并为此迅速、集中地进行短期投入。

在每段数字化传播进程开展前,小众品牌信心十足,渴望拥抱新的合作者。一旦开始,它们就展开有目标的"围猎"式疯狂推广,执行力强,反应速度快,能在短期内吸引大量流量。与之相比,传统品牌受制于原有形象和原有渠道资源,或多或少表现出拒绝、固执、不愿投入、速度慢、自嗨等劣势。

表 3-5 展示方式关键词对比

传统品牌	小众品牌
品牌店	第三空间
高性价比	人流量标准
投入高	合适就好
线下人流	线上、线下
被动吸引策略	主动排队策略
中规中矩	跨界、精致
品牌系统缺乏	高度统一
低"颜值"、单一审美	高"颜值"、包容
千年不变	定期调整

小众品牌对品牌形象展示空间的选择、设计、构建给予充分重视。在展示空间的位置选择上，无论线下线上，小众品牌都看重人流量，甚至采用一定的策略来吸引人流。在设计风格上，它们追求跨界、精致、多元包容，并会定期对空间元素进行统一调整。

在展示空间的定位上，小众品牌并不全部统一称为"品牌店""旗舰店"，而是灵活自如地与其他空间相结合，比如"书店和咖啡馆""健身房和健身餐厅""亲子活动和服饰店"的结合，形成相对独立个性的"第三空间"。

无论展示空间的外表与内部设计如何，小众品牌都重视品牌元素的高度统一，确保人流进入空间后，即能从视觉、听觉、触觉等方面接收小众品牌传递的内容价值信息。

表 3-6 传播工具关键词对比

传统品牌	小众品牌
临时弥补	提前预设
陈旧	新潮
低颜值	高颜值
节约	合理
形式单一	丰富多变
数字化程度低	各种平台
无矩阵	矩阵赋能
落后	领跑
拒绝	宽容

在品牌传播工具的选择和管理上,传统品牌的思维相对落后,而小众品牌更加灵活、多样,紧跟时代。

小众品牌会提前预设品牌传播路径和所需工具,这些工具的特点是新潮、漂亮、丰富、性价比合理、平台多元化。通过不同类别特征的工具组合形成有力矩阵,在矩阵内相互赋能。反之,传统品牌无法如此高效地管理其传播工具,很可能成为品牌进一步发展的瓶颈。

03 个性主义驱动的消费群体，需要什么样的小众品牌

在中国小众品牌的发展历史上，2013年是一道分水岭。在此之前，产品主要以满足绝大多数消费者的需求为目标，毕竟，在产品数量能满足消费者之前，消费者的个性化需求虽然存在，但不是市场关注的主要对象。消费品行业销量逐步上升，在这一年达到了历史最高峰。随后，消费者对商品数量的需求已得到满足，传统品牌的历史使命已经完成，小众品牌由此开始萌芽，逐渐登台亮相。

1. 小众即个性

小众品牌满足的需求是个性化的需求。Z世代人群无论是否涉及消费，都有类似需求，他们抒发着有内容、有态度、有个性的需求。这种需求在传统时代并不突出，但未来占社会总人群需求的比重会越来越大。

在2018年年末的淘宝"双十二"活动中，大量消费者为个性化需求买单。例如，一款单价超过4000元的洛丽塔风格服装，开场20分钟就被抢购一空。以设计感见长的家具店铺"北欧表情Norhor"，既会卖萌也卖口红的"故宫淘宝"，专注于Cosplay服装和二次元文化推广的"三分妄想"……这些品牌可能至今也没有成为"大牌"，但纷纷成就了各自的销售辉煌。

在家居软装行业，2018年的淘宝"双十二"活动也展现出了个性化趋势。当天销售额最高的十大商家中，以原创设计、搭配、时尚买手等个性化服务为特色的商家，

总共占据九个席位。

类似的品牌营销动向在传统时代几乎未曾见过。所有的"大品牌",在其崛起的过程中,都体会到了终端、渠道的重要性。

看重终端,就会产生末位淘汰效应,小众品牌的绝对销量不大,因此被淘汰的风险很高。

看重渠道,就要讲究"铺货率",小众品牌在实体店难以铺货,无法提高"坪效",也容易遭遇失败。

直播、社交营销等手段的出现,激活了消费群体的个性化意识,他们迫切地将这种意识灌注到消费过程中,这无疑给了小众品牌更多的希望和出路。

2. 重新定义客户

品牌意识到消费者的个性化趋势之后,就应积极革新,以使自身具有个性化色彩,进而获得更大的影响力。

品牌的个性化营销内容,主要分为三类。

(1)第一类,在利用产品基础功能,满足客户基本需求的基础上,去满足其中小部分人群的差异化需求。

(2)第二类,只针对某类产品甚至某个产品,进行研发和营销,从而将品牌价值放大到极致,形成滚雪球般增大的市场需求。

(3)第三类,大众需求中细分出的个性需求,比如民宿、精酿啤酒馆、轻食餐厅等。

无论选择何种举措,品牌都必须满足眼前消费者的需求,才能获得认可。但品牌方必须清楚地知道,产品能满足消费者何种心理需求,体现出其何种个性,从而有的放矢地提升自身的影响力。

在著名的《影响力》一书中,作者罗伯特·西奥迪尼认为,六大影响力元素中有一个是社会认同,即某句话、某件事、某一产品,获得人们的认同后,即可产生巨大的影响力。这种认同来源于相似的价值观、兴趣爱好。同样,小众品牌只有迎合一部分人的兴趣爱好,才能赢得他们的认同,获得品牌印象,拥有市场价值。

为此，小众品牌需要主动定义和归类，将潜在客户群体中拥有共同价值观和兴趣爱好的人跨越各种维度，聚集在一起，使之形成社群。小众品牌应在此过程中扮演载体角色，让每个客户都能通过表达对品牌的理解和支持，激发对社群的热爱与归属感。如果能成功做到这一点，小众品牌就会激发客户的"部落情结"，使他们将自身个性与小众品牌紧密联系起来，将小众品牌当成自己的爱好归属。

小众品牌对 Z 世代消费者爱好的满足，主要是通过为他们创建社群而实现的。这种社群不只是形式上的意义，而是品牌资源在市场上高效配置的新方式。小众品牌崛起之前，客户被传统品牌以平面化、简单化的方式分割、占据，呈现出集中化发展的态势。但在小众品牌崛起之后，它们需要学会以碎片化发展的方式去占据市场，并重新定义消费者。

3. 重新定义品牌内涵

没有个性的品牌难以吸引客户。品牌内涵应先成功取悦于部分客户，随后才能呈现出星星之火的燎原态势。

重新定义品牌内涵，需要从三个关键步骤做起。

（1）品质。品质是品牌的根本，只有做出真正有质感的产品，满足个性化消费者的需求，小众品牌才能获得生命力。品牌方不仅应注重产品本身的质量，还应注重品牌细节的品质，包括品牌名称、品牌形象、品牌文化、产品工艺等。这样才能让消费者产生耳目一新的感觉，迅速产生品牌认同感。

"奈雪的茶"已发展成为拥有数千家门店的品牌，该品牌在全国打造统一的品牌形象，包括独特的装修风格、出色的产品外表，为消费者创造了舒缓宁静的消费氛围，让消费者可以"一口茶，一口软欧包"，边读书、边交流、边喝茶。

贯穿于所有流程内的细节，使奈雪的茶彰显出个性，迅速形成品牌效应。

（2）故事。为了迎合消费者的个性，无论品牌大小，都应通过包装设计打造自己的文化符号，针对特定的目标群体，深入洞察他们的情感诉求，抓住痛点进行故事营销。近年来，无论是三只松鼠、江小白这些早已不再小众的"大品牌"，还是新出现的小众品牌，都拥有支持自身成功的基础故事。有这样的故事，品牌才能吸引具有个性的消费者。

（3）融合。个性化不能盲目打造，而是要使之和智能化、定制化相融合，使得品牌的个性迅速吸引少数人，再变为口碑的推动力。

在品牌竞争时代中，品牌的个性是一种特殊的黏合剂。它能将品牌和消费者、产品功能和体验、少数人和多数人联系起来。融合是必不可少的步骤，只有重视融合，才能让消费者无法拒绝。

在产品过剩的时代，缺乏文化、情感和品位认同的产品已经难以销售出去，唯有尊重和发扬特定消费者的个性，才能牢牢圈住目标消费者，为品牌的持续发展提供驱动力。

04 Z世代的消费态度如何影响品牌发展

Z世代群体的消费态度与以往人群有所不同，而这种不同也影响到品牌的发展态势。

1. Z世代的普遍人设化

Z世代的个性展示特征更多地表现为人设化。尤其当他们活跃在移动互联网的社交媒体上时，他们会利用"人设"来展现自己。

所谓"人设"，从"人物设定"的专业术语衍生而来。顾名思义，Z世代将其生活、职场、工作、社交等看成一出戏剧，将自己和他人作为戏剧中的不同角色予以设定。根据所处场景和圈层的不同，他们有不同的"人设"，使他们在不同情况下的消费行为和消费目的更加细分，同时也更容易找到属于自己的圈子。

无论选择什么样的"人设"，Z世代都对"人设"的意义有共同看法。他们会以"人设"作为精神层面的驱动力来完成实体消费。"人设"为"健身达人"，就必然会对健康、运动、环保的品牌内涵感兴趣，"人设"为某某明星的"迷妹"，就会对该明星代言的品牌趋之若鹜。Z世代喜欢以"人设"作为先导，对情感代入强的品牌情有独钟，他们看待品牌有很强的个性化标签色彩，希望通过消费来表达个人价值观。

这种刻意的彰显，既源于青年人的追求，也显示出其对传统的逆反和挑战。

了解Z世代的人设方向，便于品牌更好地找准自己的主要发展方向，赋予品牌文化以精准的内涵。表3-7是Z世代的部分人设类型。

表 3-7 Z 世代的部分"人设"类型

"人设"名称	表现特征
硬核青年	具有独立观点，个性鲜明，不循规蹈矩。他们既有相当的专业知识，也有宽广的信息量来源，同时善于和乐于利用自媒体、社交工具发声，打造出属于自己的个人频道
时髦青年	相信"没有丑人只有懒人"的法则，既善于精心打扮，也能适应自然不造作的自我状态，既可以在生活闲暇时慵懒舒适，也能随时积极行动营造时髦美感
放飞青年	善于在流行和复古的两大领域不断跨界，不断寻找真实而有反差的自我。同时，他们也能游走于主流和非主流之间，甚至通过自行嫁接，将两者结合起来
危险乖青年	举止乖巧，实则内心大大咧咧，敢作敢为。表面安静，实则喜欢"脑洞大开"，其表现经常既矛盾又可爱，既双面又单纯
"佛系"青年	追求慵懒舒适的生活，并不刻意追求物质条件，认为生活中除了原则问题，并没有太多值得刻意追求的东西。他们随时随地都可以表现得像是在度假，以回避社交矛盾

当然，"人设标签"远不止于表 3-7 中的种类，还可以细分为性别、年龄、工作、收入、地域、爱好等更多类型。每一个 Z 世代消费者都可能同时带有数种不同类型的"人设标签"，这使得他们在看待和选择品牌时，带有明显的个性化特征。

2. 品牌的"小众"转变

面对 Z 世代的消费态度，小众品牌看到了非常稳定的需求基础，并催生越来越多的企业愿意投身到个性化市场中。

企业可以将产品依据小众消费的类别进行分类，形成子品牌序列。虽然其中单个品牌起步时无法获取海量消费者和利润，但因为更加差异化的市场定位、更加精准的人群、更加细腻的表达，反而能充分引发注意、满足需求，赢得稳定可观的市场份额。

在很多小众品牌逐步完成大众化的同时，也有越来越多的大众品牌，开始追求小众特色。从某些角度来看，小众化与大众化的价值边界，几乎很难再用简单的数据来界定。

最著名的案例是可口可乐的营销创新。近年来，可口可乐对包装进行了有效创新。从流行词标签到歌词标签，可口可乐在保证规模化生产效率最大化的前提下，也努力为客户营造出不同的消费氛围。

实际上，可口可乐的这种"小众化"尝试，为满足大批客户的个性化需要提供了重要途径。在产品标签上印刷个性标签，看上去是"小众化"的革新举措，但其应用场景丰富了起来，客户可以利用一款简单的饮料，在同事、朋友、恋人、家人，甚至陌生人面前，展示自己的喜好与个性。表面上看，是消费者个体张扬了个性。实际上，这种个性张扬，可以发生在可口可乐的每个客户身上，其使用场景能复制无数遍，这恰恰为大众品牌主动与小众化融合指引了新方向。

在研判个性需求时，即便是传统品牌，也应懂得放下身段，去研究消费者的内心需求。实际上，所谓"小众"，已经不是满足"少数人的需求"，而应该是满足"大多数人的次要需求"。

3. 多数人的次要需求

新消费群体的崛起，意味着品牌面对的需求内容结构有所变化。丰富的商品种类足以使大多数消费者的主要需求被满足。新消费群体开始注重其次要需求，无论他们面对何种品牌，都会更加关注满足次要需求的可能性。

例如，客户对饮料的主要需求，依次是解渴、口味、彰显身份，次要需求则是个性表现、圈层互动、社交工具、情感载体等。

在小部分人的主要需求的支持下，可以产生类似"崂山白花蛇草水"的饮料品牌，或者产生类似"斐济"的高端矿泉水品牌，它们或者以怪异的味道，或者以昂贵的价格，让少数饮用者的主要需求被满足。这些特定人群的主要需求，是普通饮料品牌无法解决的。

但是，这并不意味着普通饮料品牌就不能打造出个性化的营销模式。大多数人的次要需求，完全可以被赋予到任意一个饮料产品的标签上。实际上，从可口可乐到江小白，再延伸到更多饮料、零食、日用产品，越来越多的品牌相互仿效，满足了大多数普通客户的次要需求。

这足以帮助企业明确 Z 世代是如何以其个性化需求，影响了品牌的发展。

05 时尚与偶像经济,驱动品牌发展

无论世界如何变化,时尚与偶像永远是推动年轻人审美观、消费观乃至生活观变化的重要力量。品牌要想发展,就要抓住那些处在时尚与偶像经济金字塔顶尖的少数人,利用他们来开发市场的潜能。

1. Z世代眼中的时尚

X世代从过去走来,渴望富裕安宁,Y世代向往浪漫幸福的生活,Z世代则属于典型的互联网原住民、个性主义者和消费主义者,他们从小就受到前卫潮文化和二次元文化的影响,接受过科幻故事和英雄主义的洗礼,科技、游戏、艺术、社交等都对他们解读时尚产生重要影响。

在《2020年Z世代时尚消费洞察报告》中,Z世代人群将时尚品牌分为六大类型,如图3-1所示。

图3-1 时尚品牌的六大类型

对于图 3-1 中的每个品类，Z 世代人群都有独到的认知和理解。他们通常不会跟风消费，也不会屈从于权威认知，而是在自我设定的场景内，表现出对时尚的独特理解。

对于奢侈品品牌，Z 世代的认知其实并不简单。他们除了了解奢侈品的传承文化，也知晓品牌背后的深层含义。对他们而言，奢侈品不再只是代表身份，还能体现出个人对高品质生活的追求，体现时尚的厚重历史。

相对而言，轻奢品牌是 Z 世代眼中"温和的奢华""低调有品位"的代名词。不少 Z 世代还认为轻奢品牌具有一定的艺术气质，再加上简单的购买流程，足以引发追捧者的"种草"和"拔草"。

快时尚品牌代表着简单、随意、亲民，这类品牌几乎会紧跟大牌的时尚元素，是 Z 世代触手可及的时尚感。

相对而言，潮牌引领时尚、紧跟潮流，与个性化、特立独行、引人注目等紧密联系在一起。它更多体现个人特质和风格，能获得更多的忠诚追随者，在价格上并没有明确界限。

Z 世代眼中的国民品牌并不是价格昂贵的奢侈品，而是能表达他们个性的高性价比品牌。2019 年 10 月参加米兰时装周的波司登等品牌均能获得 Z 世代的好感。由于民族情怀和社会责任感的加强，Z 世代纷纷开始支持"国民品牌"

在时尚品牌中，运动品牌是一支不可忽视的重要力量。运动品牌早已不是以功能性为主的"运动时使用"的概念，而是被越来越多的 Z 世代消费人群引入日常生活中。"运动品牌"所强调的"实用""中性""简约""随性"等都是 Z 世代选择运动品牌的理由。

2.Z 世代眼中的偶像

根据 2017 年搜狗联合音悦台发布的《中国粉丝追星大数据报告》，有 62.9%的粉丝平均每个月会为明星消费 500 元及以下。虽然粉丝个人月度消费在 5000 元以上的人占比只有 1.9%，但是为明星而月度消费 5000 元以上的粉丝却占到 2.8%。

传统人群看待偶像，是"仰视"的崇拜心理，认为偶像高不可攀。而Z世代则用平等甚至主从心理看待偶像，他们愿意为自己喜欢的偶像付费买单，而其主要渠道就是追捧偶像代言的品牌。

明星偶像带货的营销方式引发了不少品牌的重视。

自嗨锅品牌选择虞书欣为代言人，是攻克Z世代消费人群的重要环节。虽然虞书欣彼时并非顶级流量明星，但其年龄、背景、特点等均符合预期消费人群的特征，粉丝贴合、预算合理。合约签订当天，自嗨锅在天猫上的销售数据飙升，粉丝为这个品牌带来了超出预期的传播和营销势能。

自嗨锅不只邀请了代言人，还邀请到谢娜、林更新、华晨宇、白冰、王耀庆等诸多明星试吃，为自己贴上了"娱乐圈都在吃"的形象标签。几乎每个明星试吃完后，自嗨锅都会推出其同款产品，借助明星的粉丝流量形成转化，将明星的流量变为品牌的流量。

自嗨锅理解的"偶像"并非只有传统意义上的娱乐业界明星，"网红"和"直播达人"也是其偶像营销体系的重要组成部分。自嗨锅曾经同时选择100个行业中部小主播，在直播间进行推销，制造声势。当品牌开始有一定影响力后，立即选择头部"大主播"，迅速引爆品牌的声量。

某些品牌在走红之后急于摆脱"网红偶像"的形象概念，急于转身成为"名门正派"，但自嗨锅却并未如此急迫。这家企业的高管表示，以前大家感觉网红产品只能火一段时间，但如果品牌连网红偶像都成不了，何以成为好品牌？这种思维合理而全面地展示出自嗨锅利用网红后偶像开展营销的原因，并奠定其从默默无闻到名声大噪的基础。

品牌是媒介的产物，媒介是技术的延伸。随着技术的纵横发展，消费者关注的不再是必需品，而是附加的精神消费。抓住时尚和偶像经济的发展势头，品牌就有可能找到机会，一飞冲天。

案例拆解：三只松鼠是如何拿下年轻消费者的

三只松鼠股份有限公司（以下简称"三只松鼠"）成立于 2012 年，是中国第一家定位于互联网线上食品品牌的企业。创立之初，三只松鼠主要以电商为依托，实行线上销售。创始人章燎原在天猫开了家名为"三只松鼠"的网店，上线第 65 天，就在天猫坚果品类销售额排名中成为第一。身处安徽芜湖这样的城市，仅用半年时间，就让该店铺的单月业绩从零一举跃到 2000 万元，成为线上坚果品牌的排头兵。

凭借先发优势，三只松鼠开创了快速、新鲜和年轻化的互联网线上销售模式，缩短了商家和客户的距离，确保客户享受到有趣、高品质的食品消费体验。

年轻化重在体验

在把握互联网营销优势的同时，三只松鼠积极推行品牌年轻化的战略，但这并非仅局限于对客户年龄段的定位，而是指导品牌带给每个客户的体验。

在互联网时代，每天都有新品牌涌现，与之相关的体验信息席卷而来，那些缺乏特点的体验内容很快就会被人淡忘，与之相比，三只松鼠突出了年轻化体验，使之在创立之初获得了足够的先发优势。

2012 年创立时，三只松鼠的电商页面优化并不算是顶尖的，但相对于大部分淘宝、天猫店铺而言，已经相当具有特色。客户只要打开三只松鼠的店铺页面，就能感受到可爱的"萌"文化。这种体验是之前任何食品品牌都未曾给予客户的，让客户产生了新鲜感。

这些体验包括以下几个方面。

小松鼠形象。松鼠以坚果为主要食品，其外形兼具可爱、机灵、调皮等特点。当客户产生坚果消费意愿时，看到松鼠，就会联想童真、自然、可爱等特点，进而获得不同体验。

贴心文案。如"主人""小美为主人沏杯温暖的花茶""松鼠在身边，温暖您整个冬季"等文案，拉近了品牌和客户之间的距离，社交距离的拉近，让客户从中迅速感受到新的体验。

细节体验。年轻化体验更多地体现于客户感受的细节上。从产品形象设计，到外包装的箱子，三只松鼠的创始人章燎原都为之煞费苦心。2015年"双十一"当天，三只松鼠产生了300多万个包裹，位居天猫包裹数量第一名。这些包裹被送到全国各个城市、各个"主人"手中，包裹外形上凸显了松鼠小贱、松鼠小美、松鼠小酷的卡通形象，本身就给人留下了独特的印象。打开包裹之后，除了零食之外，还有鼠小器（开口器）、鼠小巾（湿纸巾）、封口夹、鼠大袋（果壳纸袋）等，松鼠元素融入商品的每个细节体验中，做到了"卖萌"和"实用"的两翼齐飞。

三只松鼠从整体到细节的品牌信息传递，既满足了客户购物的需求，也为他们带去年轻新潮的独特体验，这正是品牌适应时代发展而主动进行的改变。

在品牌年轻化的进程中，所有的客户体验都应该是锦上添花的，是让客户感到需求被满足、沟通更容易实现、愉悦感更容易被催生的。曾经，品牌在包裹里附赠玩具和赠品，带来附加的体验，但类似效果早在三只松鼠创业时就已式微。三只松鼠将娱乐化和实用化结合在一起，将松鼠和坚果组合，打造出人格化的情感内涵，表现出品牌文化的深度。其中的情感内涵打动与吸引了目标人群，也为品牌的年轻化增加新的价值。

好产品来自好供应链

所有的新奇萌趣体验都是锦上添花，产品本身才是核心要素。体验营销能在市场上为品牌带来最初的关注，但是要提高老客户的回头率和忠诚度，最终还是要落实到优质产品上。

三只松鼠对产品质量的把控能力，来源于创始人章燎原之前的行业经验。在创立三只松鼠之前，章燎原在安徽一家山核桃企业工作了10年，从底层的搬货、送货、跑市场做起，最终被提拔到管理中层。2010年，他在这家企业内部创立了淘品牌"壳壳果"，开始了电商经营的道路。

这些经验的积累让章燎原清楚供应链对坚果产业的重要性。他在三只松鼠创立之初就积极缩短供应链，尽量减少商品到达消费者手中的时间，增强产品质量的可控性。

在传统的坚果食品行业中，客户到超市去买一袋坚果，其生产日期通常为三四个月之前甚至更久。产品需要从企业到代理商再到零售商，其间要从一个仓库到另一个仓库。

章燎原选择在安徽芜湖创业，正是看中这里同安徽宁国、浙江临安这两大坚果货源地的近距离。他将企业生产业务的核心定位在"只做质检和包装"上，采取核心环节自主、非核心外包合作的方式开展经营。

在核心环节上，三只松鼠重视产品源头。企业在全国范围内寻找产品原产地，统一采取订单式合作，提前给出预付款。收购原材料后，再委托当地企业生产加工成半成品，每家厂商不生产超过两样的产品。生产出的半成品，会经过三道检验，分别是原料检验、过程品控和出厂检验步骤，随后迅速送到芜湖高新区三只松鼠的面积达上万平方米的封装工厂。该工厂现场环境超出 QS 标准，半成品或存于 0℃～5℃的冷库中，或保存在 20℃恒温的全封闭车间。当市场需求形成订单时，再从冷库中取出发货，保证商品从生产到销售的时间不超过 1 个月。通过这些措施，三只松鼠大大缩短了货架期，而且不会在门店里积压库存，使产品周转期只有 15 天，更为新鲜、优质。

三只松鼠不仅加强对内部环节的管控，也对上游供应商着重管控，实现快速响应。通过数据信息的实时发布和分享，确保终端客户的评价能及时传递到上游，从而改变产品品质的方向。例如，客户反映产品口味咸了、甜了或淡了，相关评价都会立即通过网络系统传回企业总部，随时传递给上游供应商进行调整。

从 2017 年开始，三只松鼠对原有供应链管理模式进行升级，积极布局现代价值链。三只松鼠不再以企业本身为导向，而是以品牌内涵升级为目的，以客户的需求和偏好为出发点，实现价值的提升，进一步明确自身作为坚果行业年轻品牌的领导者地位。

在产品供应源头上，三只松鼠在原有基础上和供应商合作建立契约基地。他们与新疆枣农、葡萄干农等供应商合作，严格执行品质标准。此外，还与行业专家进行合作，建立食品研究院，进一步精准把控坚果品质。

在营销渠道上，三只松鼠此时开始布局"线上+线下"的全渠道营销模式。比如推出自营App、开设线下门店，将其与原有的电商平台相结合，进一步拓展营销渠道，构建了多渠道、多终端同步运营的品牌营销模式。

通过品牌体验细节与供应链把控开发，三只松鼠自成立后，营业收入高速增长。2016—2018年，分别实现营业收入44.2亿元、55.5亿元和70亿元，年均复合增长率达25.8%。2019年，三只松鼠总营收突破百亿元，并于当年7月在深交所挂牌上市，被誉为"互联网休闲零食第一股"。

三只松鼠的品牌年轻化之旅远未停歇。从其面临的挑战来看，百草味、良品铺子两大品牌紧追其后，行业同质化竞争趋于激烈，三只松鼠面临新一轮品牌内涵的提升之战，这对其品牌策划、传播和营销能力都提出了考验。与此同时，食品生产、加工、运输、储存等多个环节的标准越来越严格。三只松鼠大部分产品采取代加工模式，由于品类丰富，生产加工环节众多，品牌对产品供应链的把控难度较大，存在安全隐患。只有不断应对挑战、解决问题，三只松鼠才能将品牌的年轻化之路走得更为顺畅，不断提高品牌的竞争力。

案例拆解：Milkdog 的诞生

Milkdog，中文名称是每一克。这是一个成立于 2020 年 9 月的牛乳品牌，笔者参与了品牌从创意构思到诞生的全过程，其创始人杨宇荣是资深的奶制品爱好者。为了打造该品牌，他走遍了世界各地的牧场，了解顶级品质牛奶生产的全过程。

为了打造一款能在移动互联网时代，让年轻客户认可、追捧乃至信仰的乳业品牌，每一克团队尤其注重以下细节。

首先是对产品品质的完美主义。每一克坚持用成本更高的低温巴氏奶，奉行少添加、无添加的原则。为此，他们在打造产品过程中，先后邀请了 500 多位口味挑剔的目标用户人群代表进行测试。

其次是开辟新赛道。纯牛奶的市场竞争格局已经相当固化，作为新品牌，每一克并未直接去对该市场进行冲击，而是挑选了被年轻客户群体所喜爱的咖啡奶、巧克力奶产品。他们选择了将比利时巧克力和高端咖啡豆融化在奶产品中，其添加量和成分都是市场中其他产品未曾达到的标准，而基底奶则运用了低温奶，相比于常温奶有更好的风味。

除了以产品质量和特性对品牌进行定义外，每一克开始涉足小红书、微博、微信等社交领域进行营销。随着在社交圈层内的发力，人们很可能看见一颗乳业品牌新星的冉冉升起。

案例拆解：解密完美日记爆红的成长逻辑

在 2019 年"618"活动中，完美日记仅用一小时就荣登天猫彩妆销售榜第一名，其中哑光唇釉、睫毛膏、Discovery 联名眼影等产品快速成为爆款产品，销量一举超越红地球、美加净、佰草集等老牌国货，成为当日彩妆领域最耀眼的新星。

在 2019 年"双十一"活动中，完美日记仅用 28 分钟就超越了 2018 年"双十一"全天的销售额，并成了天猫彩妆领域首个销售额破亿元的品牌。

在 2020 年"618"活动中，完美日记力压圣罗兰、兰蔻、花西子，成为美妆领域的销售额冠军。

2020 年"双十一"活动开场一小时后，完美日记再次超越阿玛尼、兰蔻、雅诗兰黛，成为天猫彩妆类目销售排行榜的冠军。

这个于 2016 年创立的品牌，在短短四年的时间内，就打破了被国外大牌垄断的美妆市场格局。2020 年 4 月 1 日，老虎环球管理公司牵头厚朴投资和博裕资本，对完美日记进行了 1 亿美元投资。完美日记估值超过了 20 亿美元。

那么完美日记是如何成为行业标杆、国潮之光的呢？

"她经济"下的口碑营销

近年来，"她经济"对经济发展的拉动作用越来越明显。完美日记、花西子、Ubras 的崛起都与"她经济"存在着紧密的联系。2019 年，我国女性消费市场呈现出垂直领域细分的特点，于是国货品牌从中找到颠覆市场布局的契机。

完美日记自发展之初就非常清楚，与国外大牌、国产老牌竞争对手拼硬件如同以卵击石，最好的方式则是顺应时代，从新媒体的商业浪潮中寻找发展机遇。于是完美日记通过自媒体市场的大数据分析，了解到当代消费群体的发展趋势。在自己所属的美妆领域，完美日记发现，95 后引领的年轻一代消费力惊人，未来美妆行业必然属于这支主力军，谁能够抢先占领这一群体的心智，谁将成为赢家。

95后引领的Z世代拥有自己的消费主张，很少相信权威，更多地相信自己与圈层，所以完美日记直接放弃了传统的营销渠道，将产品营销市场对准了用户数量超过2亿的社交平台小红书，因为这一平台的用户90%为女性，且大多数为Z世代，能完全匹配完美日记的圈层定位。

定位了输出渠道后，完美日记便开始着重发力，对小红书头部大V、腰部KOL以及平台明星、素人笔记进行全方位营销投放，平台覆盖式的打法让完美日记迅速获得了火爆的营销氛围，并相继打造出多个美妆爆款产品。

在小红书成功布局之后，完美日记开始进军抖音平台。完美日记在抖音平台的营销方式相对比较单一，主要为真人试色，帮助用户更直观地了解完美日记的产品品质。

在抖音之后完美日记随即又将营销渠道扩展到了微博与微信上，看似完美日记与其他品牌的营销方式相同，但事实上却存在本质区别。完美日记从营销布局到营销方式都坚持一个方向——口碑营销。为了达到这种效果，完美日记甚至没有在抖音平台上选择批量种草，一切营销都是为了提升品牌口碑。

通过口碑效应完美日记迅速抢占年轻用户的心智，取得的营销效果远超同渠道的其他品牌。

低价不是优势，高性价比才是关键

如今用户对产品品质的看重远超价格，但在品质得到保障后，用户又希望降低价格。完美日记了解到了用户的真实想法，于是着重打造高性价比产品，通过这种方式迎合用户的需求。

为了突出自己的品质，完美日记选择了和全球最大的化妆品集团OEM（莹特丽）合作。OEM为全球40%的高端化妆品品牌提供服务，雅诗兰黛、科丝美诗、蔻丝恩等国际大牌都出自OEM的生产工厂。

拥有了可以与国际大牌比肩的产品生产线，完美日记的品质获得了更多用户的认可，而在价格上完美日记表现出绝对的优势，从而通过高性价比的策略迎合了用户的需求。

在此基础上，完美日记再次深挖用户需求，了解到95后的年轻一代追求美妆产品的时尚理念，随后打造出了一系列美观、精致的新潮彩妆产品，以此来刺激年轻一代的消费欲望。

明星营销：营销品牌，更营销态度

2020年10月，完美日记选择与"戳爷"（Troye Sivan）合作，邀请其担任完美日记品牌大使。"戳爷"拥有大量粉丝，其独特又富有深情的演唱特点，使其备受欢迎。

完美日记选择"戳爷"不仅因为"戳爷"的粉丝量，而是他的风格表现得勇敢、前卫、时尚，"戳爷"在音乐中表达过自己经历的纠结、挣扎、新生，这种鼓励他人勇敢做自己、忠于自我不设限的态度不仅更符合年轻群体的品位，同时也迎合了完美日记"美不设限"的品牌主张。

创新不断，跨界不停

与大多数年轻品牌一样，完美日记也选择了跨界的方式进行品牌营销。但与大多数品牌不同的是，完美日记的跨界营销不是为了增加品牌热度，而是创新产品的营销渠道。

从2018年开始，完美日记陆续开展跨界营销活动，包括与大英博物馆联名推出"十六岁眼影盘"，与巴黎时装周联名推出口红套盒。

2019年，完美日记又联名Discovery探险频道推出了"探险家十二色眼影"。

2020年9月，完美日记跨界中国航天联名推出玉兔盘眼影。

这一系列跨界动作，都是完美日记把新品打造成爆款的过程。完美日记非常清楚，相比单纯的新品发售，跨界营销更符合当代年轻人的口味，获得的品牌营销效果更持久，热度更高。

截至 2020 年年底，完美日记天猫旗舰店粉丝数量已经超过了 1600 万，其中粉丝数从 0 到 1000 万的突破，完美日记只用了 26 个月的时间。这标志着完美日记的粉丝增长速度、粉丝增长数已经远远超过了国内老牌与欧美大牌竞争对手，在中国市场上真正成了国潮之光。

事实上，在这个过程中同一市场的其他国产品牌也获得了高速增长，却很少有品牌达到完美日记的高度。有人说完美日记打的是价格战，也有人说完美日记搞的是品牌营销，但事实上完美日记这些年只做了一件事，那就是让自己的品牌年轻化，进而获得更多年轻人的喜爱。

第 4 章

品牌年轻化落地的三大逻辑与四大策略

Z世代人群的隆重登场，让所有品牌都面临"是或非"的选择题。改变，还是不改变？向年轻化改变，抓住年轻化的消费理念和行为特征，品牌方能与市场共同成长。不改变，品牌将疲态尽显，无从发力。

选择题前，没有逃兵。品牌必须有所抉择，遵从正确的逻辑，使用积极的策略，让年轻化全面落地。

01 品牌年轻化落地的三大逻辑

许多品牌都懂得年轻化的重要性,但它们还是徘徊在年轻人的心境之外,从不敢真正叩响新世界的大门。

许多品牌清楚年轻化需要执行落地,但它们误认为不过就是找几个明星代言,或者写点段子到处散发。

想要让品牌年轻化落地更高效,企业就必须清楚其内在逻辑,避免南辕北辙。

图 4-1 是品牌年轻化的三大内在逻辑。

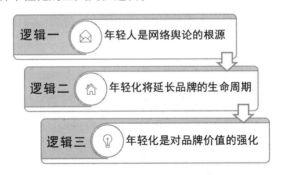

图 4-1 品牌年轻化的三大内在逻辑

1. 逻辑一:年轻人是网络舆论的根源

消费者是品牌商的主宰,但今天,或许要换种说法,"年轻消费者是消费者中的主宰。"

曾经,不同品牌是为不同年龄的人群服务的。谈到跑车、快餐,人们会想到年轻消费者，谈到老北京布鞋、奥迪，人们想到的是中老年消费者。企业从一开始，就为自己的品牌贴上了年龄标签，"精准面对"不同客户群体，寻求舆论宣传上的定位。

然而，Z世代让既有的逻辑瓦解，新的逻辑呼之欲出。过去，每一代人都有各自的舆论主战场，呈现出井水不犯河水的平衡分割态势，今天，移动互联网和各种社交App开始打乱其中的界限。人们看到两代人甚至三代人同样能一起抢红包、出演短视频、分享朋友圈，他们也会交流消费心得，影响品牌取向。在此过程中，Z世代迅速占据了主导地位。

与他们的父母将移动互联网看成一种茶余饭后的消遣不同，Z世代追求线下和线上角色之间的平衡，他们能轻易接触到社交技术、流媒体、各种亚文化和大量线上人群。有人说，这一代人的童年比之前几代人更短，但他们的少年比前几代人持续得更长，而他们心理上的中老年状态似乎还遥遥无期。

众所周知，年轻人最喜欢和擅长发声。相比之下，牙牙学语的幼儿，世故沉默的中老年人，都难以支撑起品牌宣传的重任。更不用说，Z世代相信社交媒体的放大效应，能使得自己可以被更多人听到、看到、理解、接纳和尊重，这使发声成为他们重要的生活内容。

Z世代既能制造话题，又愿意积极参加讨论，扩大影响。这对品牌意味着什么？意味着Z世代能为品牌带来传播热度和流量。

2020年，某老字号品牌餐饮终于关闭其在北京的最后两家店铺。在关闭之前，这两家店铺中的一家有近900条差评，另一家有5000多条吐槽，口碑濒临崩溃。关闭的直接原因，则在于其被哔哩哔哩网站上的UP主吐槽难吃。作为年轻客户的代言人，这些"吐槽"句句戳在该品牌的命门上。虽然该品牌努力想要挽回形象，但其背后的损失已相当难以估量。他们不仅失去了年轻客户，也失去了这些年轻人背后的中老年家人、朋友、同事甚至陌生人。

2. 逻辑二：年轻化将延长品牌的生命周期

企业为什么需要品牌？因为品牌是一种竞争策略，能有效防止竞争者的产品取代自己的产品。但品牌与动植物类似，也会经历出生、成长、成熟和衰退的过程，品牌的生命周期就是产品的市场寿命。产品经过研究开发、试销，随后进入市场，逐渐产生一定的影响力，形成品牌。在此基础上，企业和品牌共同成长，直至产品在市场上失去吸引力和竞争力，品牌也不再具有吸引力。

显然，品牌的衰退期来得越晚，其生命周期就越长，从而保证企业的实力水准和利润水平。品牌年轻化落地的目标和执行方法都必须围绕延长生命周期这一核心逻辑。

可口可乐的客户群体既涵盖中小学生，也包括年轻人、中年人。在美国，甚至许多像巴菲特那样年过九旬的老年人，也是这个品牌的粉丝。

不要忘记，当年巴菲特也曾是擅长数学的小学生，而可口可乐在那时就俘获了他和同学们的心。这意味着，品牌在今天拥有的消费群体越年轻，粉丝们"养活"品牌的时间也就越长。尤其对于满足固定需求的产品而言更是如此。

可口可乐多年如一日地坚决践行品牌年轻化，其实也源于百事可乐的压力。作为竞争者，百事可乐当年找到的最大优势，就是向年轻人宣称"这不是你爷爷喝的可乐"，从而在短期内瓜分了部分可乐市场。正因如此，可口可乐才清醒地意识到品牌年轻化的重要作用。可见，即便再大的品牌，也不能只保有一颗年轻化的心，而应遵从延长生命周期的逻辑，将年轻化的方法落实到位。

3. 逻辑三：年轻化是对品牌价值的强化

当消费者获得产品时，他们获得的其实是产品价值和品牌价值的总和。产品价值基于产品本身的功能特性，是消费者直接获得的收益，比如辣条可以解馋、羽绒服能保暖。品牌价值则相对独立，是企业提供给消费者的间接利益。比如波司登羽绒服是国产潮牌，穿这个品牌的羽绒服能体现民族情怀。因此，好的品牌产品能卖出更高的价格，尽管相对于竞争者，其产品在技术、工艺、包装和服务上并没有明显优势。

通过品牌的年轻化落地措施，产品会在消费者眼中打上标签，他们更容易将产品同"年轻""时尚""文艺""活力"等积极价值进行联想，形成心智上的溢价。不仅如此，成功年轻化的品牌，即便在产品升级上稍微慢一点，依然能在一段时间内获得消费者的青睐，使销量保持稳定。

品牌年轻化，并非只是将品牌向年轻人靠拢。品牌年轻化意味着重新激活品牌，让品牌在新环境下产生新的价值，为产品赋能，为企业创造溢价，向市场提供产品的附加价值。理顺品牌落地的逻辑，只是顺利实现上述目标的起点，而执行中的具体策略也同样重要。

02 品牌年轻化落地的四大策略

品牌年轻化最容易产生的理解误区，即品牌传播对象的年轻化，演变成为品牌传播方式的年轻化，进而导致具体执行方向的简单化、固定化。

例如，无论是不是符合产品气质，一律用"鬼畜"风格的短视频进行品牌宣传。

拍一些令观者尴尬而品牌方自认为很潮、很时髦的广告片。

动辄改变品牌视觉设计方案，用夸张的主色调、醒目的大字体，追求强烈的对比感、动态感。

蹭热点、打擦边球，以求得尽可能获取更多年轻人的关注……

然而，这些执行策略不仅浪费成本资源，还可能对品牌价值造成灾难性的破坏。

2017年"双十一"期间，某品牌鸭脖在天猫电商平台推出了涉嫌低俗图案和文案的营销海报，海报内容看似迎合年轻人的兴趣点，但取得的效果却截然相反。不少Z世代网友纷纷表示，整个海报内容充满了低俗暗示，而且有消费女性的嫌疑。结果，这些舆论又引发了官方媒体的新一波批评和政府监管部门的调查……

显然，品牌年轻化，并不是品牌方想当然地迎合年轻人，更不是为了迎合少数年轻人。品牌年轻化，必须有可思考、可复制、可研究、可执行的策略模板。

图4-2是品牌年轻化的四大策略。

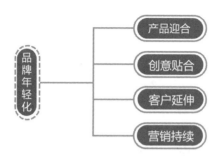

图 4-2 品牌年轻化的四大策略

1. 产品迎合

品牌应年轻化,但品牌年轻化的基础是产品年轻化。如果企业没有让产品真正迎合年轻消费者,没有严肃认真地对待,仅仅依靠外在的年轻化,只会徒劳无功。

多年前,李宁品牌就意识到需要转向年轻化,抓住90后消费人群。为此,该品牌精心打造了"90后李宁",设计了新的视觉形象,打造了新的产品宣传文案、图片、视频。但他们没有想到的是,此次转向不仅没有赢得90后消费者的认可,反而失去了原本占销售额一半以上的70后、80后客户市场,导致品牌陷入了相当尴尬的困境中,引发了被当时热炒的关店风波。

但是,李宁毕竟是李宁。近年来,凭借"国潮"的系列策划,李宁又重新获得了消费者的认可。品牌打出国潮形象转变的背后,是"中国李宁"品牌对产品品质、时尚潮流进行的大幅度更新。

品牌外在的转变很容易开始,但企业必须意识到,"年轻化"这一转向本身是严肃的,而不是浮躁的、快节奏的、娱乐化的,它离不开产品质量和设计风格的支撑,离不开产品研发、生产、检验和销售过程各个环节的更新迭代。只有全面转变的产品,才能有年轻化的品牌。

2. 创意贴合

品牌营销创意的关键在于"首创性"。不少品牌的营销广告由于过多相互效仿，显得"土气""低端"，极易造成客户的审美疲劳。出现类似情况，源于品牌在营销中的盲目跟风，未清楚认知其目标客户的实际特点，更不清楚目标客户眼中的品牌理念和价值观。

在品牌年轻化过程中，创意的贴合是关键因素。

创意贴合，并非针对某个年龄段的群体，而是针对具有年轻心态的目标客户。品牌想要迈出和年轻人一致的步调，就要从内向外传递内涵，利用创意发现、把握和传递年轻化品牌的内涵，才能避免流于形式。

锐步是具有百年历史的健身品牌，与不断出现的竞争者相比，锐步依然保持着旺盛的生命力。其品牌的创意价值，主要体现在对年轻受众价值观的把握上。2017年，锐步签约吴磊、袁姗姗、王德顺三人作为大中华区品牌代言人。三人年龄跨度很大，代表了老中青三代人。尤其是王德顺当时已经81岁，无论从实际年龄还是外形来看，王德顺都无法直接体现"年轻"。但将三者组合在一起，同时结合王德顺"最帅大爷"的人物特点，出人意料地传递出了"年轻"的概念，体现出"突破极限、坚持自我"的年轻价值观，宣扬了"打破年龄限制，活出自己"的理念。这些品牌内涵与年轻客户的心态和追求非常一致，因此大受好评。

品牌年轻化的创意，必须由内而外作用于目标人群，让目标人群明白品牌究竟有怎样的内涵价值，才能让他们认同和接受。

此外，想要让品牌有创意，就要尽量赋予其人格化特征，以更好地和年轻客户打成一片。今天，依赖移动互联网社交的年轻人追求个性、思维灵活，喜欢具有人格魅力的事物，对于真诚、生动的人格化表达普遍具有好感。

海尔虽然是经典国产家电品牌，但移动互联网上的海尔却经常给年轻人以同龄人之感。在很多社交平台上都能看到其官方号的身影，和网友的互动游刃有余，拥有年轻化的人格。

3. 客户延伸

不少品牌明确年轻化方向后，显得过于急迫，没有把握准确的延伸节奏。这导致既"伤害"了原有的核心客户，也未能开拓新的市场。即便品牌表面上顺利实现了"年轻化"，但也会"捡了芝麻丢了西瓜"。

在品牌年轻化的过程中，最重要的目标是立足于现有客户，再逐步拓展边界。即便两个群体之间存在某些差异，但也必定存在某些共性，这些共性地带，才应是品牌优先重点考虑的地方。

600多岁的故宫，是品牌年轻化客户延伸的绝佳案例。在品牌营销中，故宫IP并没有丢下自己原有的特质，而是基于其核心文化进行年轻化打造，比如故宫的雪、故宫彩妆、故宫的猫、故宫上元夜……故宫牢牢把握原有核心客户，再向年轻化延伸，与年轻消费者"一起玩"，从而树立了新的品牌形象。

类似品牌的成功跨界，说明了无论品牌原有的形象如何，只要找准现有客户和年轻人群之间的共同点，就能获得新的开拓空间。正如网友对故宫文创品牌的评论那样："先守住经典，再当好网红。"

4. 营销持续

品牌年轻化的最大瓶颈，在于其持续性。不少企业幻想做"一锤子买卖"，通过集中投入资源，使品牌在一两次营销活动之后，就能立刻变得年轻。

然而，对于很多品牌而言，年轻化进程中最难的并非迸发灵感，而是持续输出并具体执行。从该意义而言，年轻化应是一场持续性的战役。

03 品牌年轻化落地的路径与方法

品牌年轻化的根本意义，在于对品牌本身重新定义。在传统时代，创建品牌的目的是方便区分与识别，而在当代，品牌的作用是和消费者"一见钟情"。以此为源头，企业应进一步认清品牌年轻化落地的路径终点——销量。

以大白兔品牌为例。2018年5月，大白兔与气味图书馆联名推出香氛系列产品。上线12小时后，香水销量达9607件，沐浴露销量达10849件。同年9月，大白兔与美加净合作推出78元2支的润唇膏，第一批上线920支，上线1秒钟后，全部售罄。在当年"双十一"期间，该产品累计销售超过10万支。

但人们还是要问，大白兔品牌从中得到了什么？2019年大白兔天猫旗舰店的粉丝数不足6万，全部产品中销售数据最高的仅有4815人付款。同年，在天猫平台上，老字号品牌消费者总数超过8600万，其中90后消费者超过320万。大白兔品牌的数据非常不理想。

成功的品牌年轻化路径必须能切中消费者的差异化需求，赋予品牌和产品从内到外的"灵魂"与"躯壳"。失败的年轻化路径只能占据潮流共性的躯壳，但无法将之转为自身的销量和客户，无法解决原有的老化问题。

品牌年轻化的所有路径和方法，都是基于"我们是谁、我们要做什么"的问题而设计和执行的。企业应正确评价自身所拥有的资源，努力打造具有年轻化状态即不断再生的品牌基因。其间所有的路径和方法，最终都是为了累积数字化的资产，让品牌在时间的长河中闪闪发光。

品牌年轻化的所有路径和方法都是为了改革，而不是为了颠覆。企业是品牌的创立者，年轻化则是在不断寻找品牌生长基因，力求争夺理想的市场位置。

品牌年轻化的具体路径和方法主要如下。

1. 产品创新

很多传统品牌积累了良好口碑，仍可以在市场上占有一席之地。但长远看来，单一的产品、一成不变的包装已经无法满足消费者的差异化需求。这些传统品牌必须提高产品创新能力，打造极具竞争优势的独特产品，重新赢得市场的认可。

不少本土传统品牌近年来已不断改进研发技术，提升产品质量。这些品牌采用不同于以往的单一产品的策略，针对各类消费者推出不同系列的产品。市场对此加以认可，品牌的创新策略相当成功。

2. 传播创新

品牌年轻化的创新会带给潜在客户惊喜，并唤起其注意力。因此，传统品牌可以采用直播、微视频、社群营销等线上形式，或者采用快闪、街头走秀等线下形式，增加传播活动的种类，扩大活动的范围。

在眼球经济盛行的新媒体世代，Z世代的注意力就意味消费力。传统品牌更应借助新的媒介传播，与Z世代客户进行积极交流。

3. 理念更新

品牌寻求年轻化转型的关键，在于是否具备足够的开放创新意识。企业必须先对理念层面进行革新，才能真正针对Z世代的审美偏好和文化环境进行战略层面的调整，形成和公众的良好互动关系。

企业必须认识到，网络文化固然有其问题，但终究只会不断进步和改善。传统品牌与其被动观望，不如顺势而为，改变理念，占据先机。

4. 沟通更新

品牌年轻化的宗旨，在于保证与更多潜在客户的沟通效果，利用他们的点滴时间，进行碎片化的品牌内涵植入。这对品牌的沟通能力提出了较高的要求。

例如，"萌"之所以流行于Z世代人群中，并不仅仅因为其所属者好看、可爱，而是有更深层的心理需求存在。有研究表明，"可爱"是为了吸引关注、获得反馈和互动等沟通效果，与新型的社交联系方式有关。Z世代经常会在互联网上接触陌生人，为了保证互动效率、降低沟通障碍，"萌"成为他们非常看重的沟通方式。

同理，如果一个品牌能利用"萌"或者其他因素，营造自由宽松的沟通氛围，尤其是个性化的互动，就很容易被Z世代消费者所接受。

5. 冲突更新

判断一个品牌是否能打动Z世代，本质上要看其是否适应这个时代的价值观（尤其是互联网的主流价值观）。Z世代普遍认为，即便是相反的立场，大多数也没有绝对的对错，各方都可以发声、讨论、辩驳乃至"激战"。这种方式能消解很多固有矛盾冲突，同时也能制造新的冲突，诸如国产与进口、大众和小众、熟悉和陌生、高档和廉价、奢侈与性价比、怀旧和时尚等。

想要不断拓宽品牌年轻化的路径，就应推动冲突内容的更新，利用新鲜元素，打破固有观念。比如李宁国潮之所以成功，关键在于通过参加纽约时装周等方式，将国潮元素展现在世界舞台上，让国外消费者眼前一亮，形成新的矛盾冲突。从而打破了原有的观念，赢得了年轻人的喜爱。诸如此类的方法还包括完美日记的国家地理杂志系列品牌推广，晨光文具的大英博物馆系列品牌推广。

品牌不仅可以利用各种元素表达观念上的冲突，也可以形成更为具体的内部冲突。例如SK-II品牌和窦靖童合作，实现年轻化转型，这就是利用品牌本身调性同代言人特质间的冲突，推动传统和个性的融合，反而让Z世代觉得有趣而乐于接受。

成功实现品牌年轻化的路径与方法还有很多，在不断的实践中，每种品牌都能找到最合适的年轻化落地方式，走上更好的发展道路。

04 品牌年轻化的跨界与出圈

在营销领域,跨界与出圈始终是不容忽视的关键词。跨界,是指打破原有的行业界限,实现品牌之间的联合互动,扩大品牌传播范围。出圈则是近年的网络流行词,意为某个明星或事件的走红程度已超出了固定粉丝圈,转而被圈外的人所知晓。

单从词语含义来看,跨界,是对品牌主体而言,出圈,则是目标受众的切身感受。换言之,当品牌跨界,营造出 Z 世代粉丝眼中的出圈效果,品牌年轻化的落地就会颇具成效了。

1. 联手"跨界"

跨界的精髓,在于品牌互相借用对方累积的品牌资产,让自身的品牌调性融入新的元素,找到新的潜在目标客户,获得新的粉丝增长,最终实现营销上的突破。因此,跨界营销是年轻化的重要手段。

热词"柠檬精"曾在网络上大火,一夜之间,许多年轻人都自嘲是"柠檬精"。时尚品牌何方珠宝抓住这一现象,策划了跨界营销活动"何方柠檬晶",推出了柠檬系列首饰,并和维他柠檬茶合作推出一款联名礼盒。通过这次跨界营销合作活动向 Z 世代传达了真实果敢、时尚有趣的生活态度。

在这一跨界案例中,茶饮和珠宝的碰撞产生了品牌双赢的合作效果。对何方珠宝而言，选择维他柠檬茶推出联名款活动，能较快提升影响力，扩大品牌的受众圈层。对维他柠檬茶而言，与何方珠宝进行合作，也能提升品牌的时尚感、档次感，让饮品内涵更为丰富、多元。同时，在"柠檬精"一词的拥护者看来，这个词本身完成了"出圈"过程，从社交领域延伸到消费领域，实现了更好的认知跃迁。

2. 转型"跨界"

跨界营销，不仅是小众品牌充实内涵的方法，也是传统品牌寻求转型的重要尝试。对于不少传统品牌而言，经过数十年甚至上百年的发展，会遇到成长瓶颈，甚至面临衰退。传统品牌面对新的市场环境和客户人群，主动跨界，不仅能增强影响力，提升附加值，也能建立品牌与消费者之间的良性互动关系。同时，传统品牌也能在此过程中探索和了解Z世代人群的消费心理，为随后的整体年轻化积累经验。

传统品牌的跨界营销，并不一定需要联合其他品牌，完全可以在自身品牌传播的框架下，以新产品、新内容的方式进行传播。

2019年，999皮炎平推出一款口红，自称"999恋爱止痒三口组"。该产品以中国风文案登上微博热搜，迅速俘获了大批年轻粉丝的关注，不仅成功实现了品牌跨界营销的年轻化，也为999皮炎平产品进行宣传，再次强调了999皮炎平的功能是止痒。无独有偶，以痔疮膏闻名于世的马应龙也推出了口红产品，同样采用中国风设计，该品牌从痔疮膏到口红的跨界，可谓"颠覆三观"，但迎合了众多Z世代喜欢猎奇、尝试的心理，其上架后单月销售6000多单，产生2万多条产品评论，实现了年轻化跨界营销的目的。

正是在这些跨界营销过程中，两个传统品牌打破了原有的圈层范围，关注品牌的人群从单纯的患者，扩大到年轻人群。一旦他们在未来面临类似问题，心智中的记忆将会把他们带到产品面前。

3. 混搭"跨界"

品牌跨界并非总是需要"大动干戈"。在品牌传播中，以产品作为 IP 元素，与其他时尚元素进行重组混搭，同样能获得年轻化效果。尤其是对于那些产品品类本身存在某些缺陷，无法从功能上直接吸引年轻人的品牌，更应考虑类似方法。

在食品种类的品牌营销中，白酒、啤酒、高糖食品等品类，就经常引入品牌 IP 跨界的方法。比如啤酒与足球赛事的元素搭配、高糖饮料与 T 恤衫的搭配等，这种跨界的新元素混搭，能让 Z 世代人群感到新鲜好玩，而其真正的作用，不在于直接增加曝光量，而是淡化原有品牌和产品之间的联系，特别是割舍了已经被 Z 世代厌倦甚至反感的产品特质，实现了品牌的保值。

4. 产品"出圈"

跨界营销的本质，是通过多方资源共享与技术合作，提高营销效率。除了品牌跨界、传播跨界外，通过让产品出圈来拓宽消费场景，作为传统品牌实现品牌年轻化的途径，同样值得考虑。在品牌营销实践中，也不乏类似成功案例。

2019 年，Kindle 用一番开门见山的"自黑"，将自己送上了网络热搜。图 4-3 是 Kindle 泡面营销宣传页面。

图 4-3 Kindle 泡面营销宣传页面

Kindle是亚马逊电纸书产品的品牌，在全球享有盛誉。用Kindle盖泡面，则是消费者之间口口相传的"Kindle最佳使用方法"。该品牌果断决定出圈，即从文艺、学术的圈子里走出来，融入更多网友的生活圈中。与此同时，豆瓣上还出现了一个相关话题："什么样的书面搭配，会带来非凡的泡面口味？"网友们提出各种各样的Kindle封面组合，展示自己对电纸书与快餐口味的了解与认知，引发了各种有趣的讨论。

　　成功的"跨界与出圈"营销能带来三大益处。第一是扩大了参与品牌互动的群体，让原本对品牌不感兴趣的年轻群体，能参与到品牌的建设过程中来，拓宽了品牌边界。第二是增强了原有消费者的黏性，为对品牌有固定认知的消费者群体，增加了可供选择的产品功能、使用场景，创造了话题，让品牌变得更有趣。第三是通过与其他品牌的互动，带来了流量增长，获得了更多的营销利润。

　　今天，越来越多的产品市场趋于饱和。在主导产品品质升级之外，通过跨界营销创造新空间，是企业实现增长的需求，更是品牌实现年轻化的有效手段。

案例拆解：元气森林火起来的秘密

从 2016 年创立，只用了三年的时间，元气森林就已经开始撼动可口可乐、统一、三得利、农夫等饮料品牌的地位。在一片红海的饮料行业，元气森林早已成为狂奔的独角兽，带着高达 40 亿元的估值高歌猛进。

元气森林何以如此？从表面上看，它只是一家专注于无糖饮料的企业，但它却能在小切口的市场中，打开一片大估值的世界。元气森林背后的商业模式具有被充分研究的价值和意义。

找准节奏，站好定位

元气森林没有什么行业背景。这个品牌的创始人唐彬森曾是社交游戏开发商智明星通的 CEO，他创办的"开心农场"至今还是一代人的青春记忆。当他一头扎进饮料行业的海洋时，他找准的是节奏，站好的是定位，以此构建品牌年轻化并爆火的底层逻辑。

任何品牌的成功，首先是洞察的成功。品牌的真实价值和意义，就是在对目标消费者、行业、竞品乃至对整个市场、社会的洞察的基础上，进行持久高效的运营。品牌年轻化也不能率性而为，必须以目标消费者为核心，从其角度看待行业、竞品和企业之间的关系，审视品牌的顶层设计是否契合新消费时代的节奏。

从整体来看，Z 世代的健康意识崛起已成定局。从 2016 年开始，无糖饮料渐成消费风口。在街边的网红奶茶店里，要"三分糖""半糖"饮料的年轻消费者越来越多。对于爱美爱健康的年轻消费者而言，这种变化的根源在于对肥胖的恐惧和对健康的追求，他们对"减糖"越来越在意。行业观察数据也同样体现了这一点。尼尔森统计数据显示，在 2017、2018 两年内，无糖饮料销售增速超过 30%。

无糖饮料并非那时才出现的新产品品类。早在几十年前，饮料行业就发现了其中的商机，三得利在 1997 推出无糖乌龙茶，统一在 2002 年推出无糖"茶里王"。随后，经过漫长的市场培育，2011 年又陆续出现了农夫山泉"东方树叶"、天喔茶庄"天喔金"、康师傅"本味茶庄"、伊藤园无糖茶、维他无糖茶等。到2018年，中国无糖饮料垂直品类正式进入爆发期，可口可乐、娃哈哈、怡宝也陆续推出无糖饮料。

无糖茶饮品牌数量和产品销量迅速上升。原本处于货架边缘的无糖茶饮，纷纷被转移至中间区域，出现在客户群体的视野中。元气森林选择此时打响品牌，不早不晚，站在了准确的节奏点上。

元气森林将其品牌定位为"无糖专家"。与其他品牌开创新的子品牌不同，元气森林主打全系列健康无糖理念，抢先占领无糖饮料行业专家和领导者地位，全面占领客户心智。在具体品类的划分上，它以无糖为战略核心，纵深切入两大细分市场，分别是无糖茶饮的"燃茶"和气泡水的"元气水"。由于节奏和定位准确，元气森林迅速腾飞。2019年，该品牌的销售额接近10亿元，燃茶约占其中的三分之一，元气水则占到60%～65%。

品牌形象的亲和、有活力

找准节奏并准确定位是元气森林在战略层面取得的成功，具体营销战术的成功因素则首推其品牌形象的包装设计。

在饮料行业中，包装与产品紧密联系，客户看见包装，就能联系到产品。而客户在消费产品时，首先是在消费包装。因此，包装设计是饮料品牌营销的战略重心。

重视品牌的包装设计，目的是让产品自己说话。在实体店货架上，众多饮料产品陈列其中。对于那些缺乏固定饮料品牌消费习惯的客户而言，在选购产品时，外包装设计带来的视觉效果对他们的购买决定影响很大。元气森林作为饮料行业的后起之秀，在包装设计上必须创造足够的陈列优势，能让客户在琳琅满目的饮料中一眼发现其品牌信息，以此脱颖而出，击败竞争对手。

为此，元气森林主要从字体角度为包装设计赋予了独特性。

首先是日系字体。元气森林截取了两大品类"元气水""燃茶"品牌名称中的"元""气"和"燃"三个字，对其进行日系风格的符号化设计，形成品牌所独有的视觉符号。

这种设计风格迎合了近年来年轻人喜欢"日韩零食"的爱好。例如,"元気"本身就是日语汉字组词,代表有精神、有活力。这一字体符号,既不影响客户的识别,也能点燃他们对健康感零食的获得欲望。

其次是通过放大字体来提升"颜值"。品牌年轻化,必须确保视觉形象的年轻化,简而言之就是好看而且易识别。品牌应制造让客户群体无法忽视的强烈吸引感,让他们第一眼就能看见,再也不会忘记。

在外包装上,"元""气""燃"这三个字的字体非常大。这一设计思路,不仅采用了美术思维,更采用了货架思维。当客户拉开冰柜或走到产品货架时,他们会在一众饮料瓶中,率先看到清晰可辨的大字体日式汉字。这样,他们原本分散的注意力,就会在理解汉字内涵的过程中被激发。当客户打开货架时,元气森林就进入了其选购名单的优先顺序。

品牌形象营销的另一个主要渠道,来自代言明星。为了获得年轻客户的追捧,拨动年轻人的心弦,元气森林选择了"流量明星带货"和"当红明星代言"齐头并进的方式扩展品牌知名度。该品牌先邀请了费启鸣、王一博、黄景瑜等流量明星点赞,后有黄晓明、成龙一线明星助阵,燃茶更是邀请魏大勋作为代言人。此外,为了和年轻人"玩"在一起,元气森林大张旗鼓,进入B站、综艺平台,比如与B站的"神剧"合作,并牵手热门音乐综艺IP《我们的歌》进行花式植入。

元气森林也没有忘记积极跨界,利用与其他品牌资源的合作,实现多圈层的流量共享。例如,他们联合国货美妆品牌稚优泉进行推广,长期活跃在主流社交平台如微博、微信、抖音、小红书上,不断吸引着年轻客户的注意力。

借渠道东风

渠道铺货是饮料行业的传统打法。元气森林的创始人具有超强的互联网基因,选择了非常规的渠道布局之路。

梳理元气森林的成长路径可以发现,其渠道突破共分为两大阶段。

在第一个阶段中，元气森林搭乘连锁便利店东风，快速、精准地触达目标人群。他们没有从传统的批发、商超环节进入市场，而是以线下便利店作为突破口，再进入线上和大型商超，完成扩张版图的战略意图。

从 2016 年开始，全国连锁便利店业态进入扩张期。便利店数量从 9.4 万家增加到 12.2 万家。元气森林很清楚，连锁便利店主要集中在一二线城市，而自身的目标客户群体也同样集中在这里。这是因为，一般来说，人们对健康的关注程度和城市的发展程度密切相关，相比于其他地区的饮料客户，一二线城市的饮料客户无疑对无糖饮料的需求更为迫切。

因此，元气森林率先进入的渠道是 7-Eleven、全家、盒马、便利蜂等连锁便利店，看重的是其一二线城市的地域特性。

不仅如此，连锁便利店的主要客户群体是 85 后、90 后，其可支配收入相对较高，占总客户人群的 94%，性别上，女性则占其中的 60%。这样的群体完全对应元气森林的客户属性，既关注健康的同时又愿意付出更高的价格。同时，连锁便利店作为新型零售渠道，会主动筛选年轻人推崇的商品。

元气森林与连锁便利店一拍即合，品牌与渠道互相成就、合作共赢，打破了成长瓶颈。

到了第二个阶段，元气森林已占据了借势连锁便利店的新渠道红利，避开了与传统饮料巨头的正面"硬刚"，在市场上站稳脚跟。为了得到更大的市场，元气森林进行了渠道突破。

一方面，他们从线下向线上布局，以谋求增量，从连锁便利店渠道向互联网电商渠道进行扩展，将品牌号召力延伸到更大范围，和互联网年轻客户群体建立强有力的连接。

另一方面，他们从线下连锁便利店向传统商超及零售店进军，吸引了更多 Z 世代客户群体的关注和消费。

2020 年年末，元气森林的品牌蜕变之路仍在继续。它的故事告诉我们，任何新品牌想要在传统行业破局突围，既有把握机遇成功的偶然性，也有年轻化举措成功的必然性。元气森林能在短时间内占有市场的一席之地,其整体打法可以总结为找准节奏、选好定位、做好形象、瞄准渠道。

曾经,品牌定位的重点在于计算供应链成本,而今天的品牌定位要看客户属性。传统的渠道选择重在扩大辐射面,而今天的渠道选择重在相互匹配。传统的营销推广重点看触达人群、购买转化,而今天的营销推广则必须追随年轻客户的注意力来调整品牌形象。

在年轻化的大旗下,几乎每个传统行业都能重新再做一遍,但这需要的不仅是勇气和决心,更需要品牌能像元气森林那样,从包装、渠道、营销等多维度积极出击,打破固有的壁垒。

案例拆解：豌豆公主

2015年8月上线的豌豆公主App，是唯一一个由日本供应商直接进驻的跨境电商平台。该品牌之所以被命名为"豌豆公主"，是想将豌豆公主对生活品质的挑剔与追求，灌输给国内目标客户群体，再由品牌满足他们对极致生活体验的要求。

豌豆公主品牌的发展离不开"圈层经济"，即每个圈层背后独特的圈层文化所产生的小众经济形态。作为跨境电商，豌豆公主平台上的产品更多的是满足目标客户群体的社交需求、尊重需求乃至自我实现需求，是为了帮助他们在各自的圈层中找到兴趣相投者，随后再进行积极表达与互动。因此，品牌方必须用更深更全面的群体洞察，了解不同的目标圈层，让营销深入不同的圈层。

2020年"双十一"，豌豆公主请来了国内4名超人气声优，推出了"元气骑士好物推荐"计划，打造限时声音男团，通过场景化故事和随机抽卡的互动方式，打入了"二次元"和"CV"文化圈，与相关目标客户建立精准沟通。

这次营销活动首先在微博上开展，客户会收到御守和明信片并按要求晒单，迅速产生了热烈反响。活动首日，微博阅读量突破10万，活动期间阅读量突破40万，参与话题人数达到50万，豌豆公主的微博指数环比增加了19448.88%。

在抽奖互动环节，由于条件限制，无法使用自动抽奖，豌豆公主官方微博自创了一个"2毛钱特效"的抽奖过程，用视频的方式让每个目标客户见证了公开透明的抽奖过程。但这种看起来原始粗糙的抽奖方式，却引来了更多人的互动，拉近了品牌和客户的距离。

在这次营销活动中，不少来自"二次元"和"CV"圈层的客户发动了身边的一切的力量，一口气买下接近20单产品，只为集齐礼品。活动整体性价比很高，品牌提升度超出预期。

这已不是豌豆公主第一次采用内容营销来进行圈层传播。早在2016年，他们就推出了"411樱花节"，这是豌豆公主打造的日淘领域"正品狂欢节"。随后，他们又不断邀请日本明星IP，打造富有日本文化特色的内容营销活动，更好地渗透到兴趣圈层中精准营销，利用粉丝效应扩大产品在特定人群中的影响力。

时至今日，社会经济生活的各方面都受到圈层经济的影响。品牌置身于此，必须选择对应的营销模式，而营销模式本身也在不断地塑造着新的品牌。

案例拆解：拉面说的爆发之路

拉面说是诞生于2016年的速食品牌。该品牌依靠多口味拉面产品，销售额从最初的月销数万元增长到2019年的2.5亿元。到了2020年，在速食行业竞争更为激烈的情况下，拉面说却"傲慢"地喊出了10亿元的销售目标。

拉面说凭借其品牌年轻化努力，硬是将原有的速食行业中细分出了高端市场，占领了一方天地。

挑战，选择最佳对手

拉面说对强大速食品牌的挑战，开始于其选择了最佳定位。按定位理论的观点，品牌定位并非创造新鲜的、不同的事物，而是操控客户心智中原有的认识，重组这些已存在的观念认知，形成新的消费需求，并将之和品牌绑定在一起。在具体的过程中，新品牌必须选择最佳对手，打破和重组原有的相关认知。

速食品类行业由来已久，传统品牌林立，细分品类很多。作为后来者，最好的做法是找到准确的对手，再集中火力，通过差异化、微创新、新渠道，形成自身特色，去颠覆对手，从而吸引主要客户即年轻人群的注意。

拉面说创始团队寻找的对手，是拥有巨大市场的方便面产品。

方便面市场容量大，竞争也更加激烈。2016-2017年，该行业经历了行业格局重构的剧烈变化，企业数量数十年来首次减少了139家，利润下降13亿元。但到2018年上半年，方便面市场开始回暖，累计销量增长17.25%，高端面品类表现亮眼。

在大环境的驱动下，拉面说准确地选择了"高端方便面"的赛道，将自身打造为"高端速食拉面"的定位。

2016年，拉面说创始人姚启迪首先注意到，日式拉面在我国客单价相对较高。日式拉面在一定程度上代表了精致、高端，年轻消费者的接受程度较高。

仅靠这个认识，还无法打造"高端速食拉面"，拉面说将主料和配菜做成全熟或半熟，只需要在家进行简单的二次加工就可以吃到。

相较普通的挂面、被诟病不健康的油炸面类，拉面说选择了半干生鲜面的产品类型。这种面条不仅保持了应有的口感，保质期也稳定在 60 天内。同时，产品选用了每片直径均为 7 厘米的叉烧肉，以宇航冻干技术保存，既保证肉的口感，也能常温保存。再搭配不使用防腐添加剂的麻笋、木耳、海苔等配菜，使客户只需要数分钟时间，就能吃到一款比方便面更丰富、比普通挂面更便捷的骨汤拉面。

拉面说强调"所见即所得"，即客户轻易就能得到对其外包装和宣传所使用的产品图片还原度极高的消费体验。其产品的外包装精致美观，对目标客户群体同样做出了高端的心理暗示，使得他们更容易接受拉面说的高定价。

拉面说就此定下了和方便面、挂面截然不同的品牌内涵，即"家里的拉面馆"。这是之前任何速食品牌都未曾洞察和满足过的市场需求。

选择了正确的竞争对手，形成了独特的产品质量，挂面说很快拥有了忠实客户群体——年轻白领和单身人士。正如创始人所言，拉面说带给受众的，并不只是一款食品，更有背后的温度和爱自己的感受。这些品牌内涵，是原有的那些高端方便面产品所无法传递的，形成了拉面说的品牌定位特色。

全面、快速的产品创新

年轻用户喜欢变化，也喜欢个性。在他们的消费动机中，追求彰显自我与拥抱时尚潮流并存。拉面说迎合了这一特点，形成了全面、快速的产品创新能力。

在传统方便面行业，一款新产品从构思到上市，最起码要经过半年以上的时间，甚至可能需要一年的时间。但拉面说的新品研发时间被压缩到了一个多月。例如椒麻拌面拉面，从产品构思、实地考察，到找代工厂、品控和包装设计，最终只花了 46 天就推向市场。

高效的产品创新速度，带动了拉面说产品线的生命力，黑汤蒜油拉面、番茄豚骨拉面、胡椒猪肚鸡拉面、鲍鱼花胶鸡拉面……新产品遍地开花，不断满足年轻客户群体的新需求，为拉面说带来了源源不断的热度和流量。

事实上，加快推出新品不仅是产品价值的扩展，更是品牌形象与内涵的丰富。

拉面说积极抓住热点与噱头，和其他品牌进行跨界联名营销，比如联合999感冒灵推出"暖心鸡汤"联名礼盒、联合米末小卖铺推出"冬阴功拉面"、联合网易未央合作的"猪肚鸡拉面"以及和微信表情包联合推出的"吃好喝好长生不老"拉面礼盒等。此外，拉面说还根据时令、节庆，推出相应的面类，形成对季节性热度的快速捕捉，始终保持在年轻客户社交圈的话题热度。

走好营销路线的每一步

2017年，拉面说处于初创期。在这一阶段，他们努力进行内容营销，使更多人认可品牌。他们通过微信公众号和早期客户交流，利用来自淘宝、小红书、下厨房、ENJOY等垂直电商的客户评论和互动，形成原创性内容，极大促进了拉面说的销售。这些原创性内容还为产品测试带来有效反馈，形成调整依据，使产品口味更贴近需求。

2018年，拉面说在社交电商营销领域发力。从微信公众号投放分销，到淘宝、微博、B站、小红书、抖音的种草带货，拉面说全都没有忽视，积极锁定各大社交媒体平台，进行全渠道的线上种草和整体的KOL营销。拉面说深知，年轻客户群体的消费行为，与其社交生活特点有密切关系。只有打入其日常互动圈层，才能真正影响和改变他们对产品的看法。

2019年，拉面说着重进行淘宝等平台的直播带货。短短30天时间内进行了1854场直播，这个数据在新品牌的营销表现中可谓相当出色。推动该品牌真正进入大众视野的，则是淘宝直播"一哥"李佳琦。这一年，拉面说先后多次和李佳琦合作，曾经上线1秒钟卖掉280万元的货。不仅如此，他们还邀请其他不同档次、圈层的KOL带货，拥有数百万粉丝的雪梨、林珊珊，数十万粉丝的李静、蜜蜂姐姐，甚至还有数万粉丝的主播，都曾为拉面说做过直播。

到2020年，拉面说的营销已在各个渠道各领风骚。总结该品牌截至目前的成功经验，可发现以下最重要的几点。

首先，瞄准已有的传统行业，挑选对手尚未重视到的细分领域，积极进行产品微创新。

其次，抓住 Z 世代对该空白赛道的消费偏好，迎合他们的社交、生活、情感需求进行品牌营销。

再次，进行精准的社交和直播营销，获取反馈后再修改产品和营销策略，沉淀核心粉丝。

为实现上述三大目标，品牌应具备三大能力。

首先，快速响应和迭代的核心团队。在传统企业的组织架构下，即便形成了创新团队，但如果企业领导者用传统管理方式在背后"督战"，依然很难实现品牌年轻化的成功。拉面说的成功说明，没有领导者的充分放权或融入其中，就很难有效率超群的核心团队。

其次，社交媒体传播的敏感度。大多数新消费品牌，"新"的核心仍然是流量"新"，即提前在新媒体端口占据了品类对应客户的心智，影响了这部分的消费群体。社交媒体营销的风险更大，收益也更大，有可能出现一点小错误，就会被无限放大，无论如何，品牌在开始年轻化之前，应具备必要的社交敏感度，甚至在打造产品时，就要为其添加即时的社交性元素。

最后，有高效率的团队。为了实现即时的社交营销，品牌必须有更快的产品开发和迭代能力。这样才能既在社交媒体上领先传统品牌，又能与后续跟进的竞争对手保持距离。

可以想见，在消费品牌年轻化发展如火如荼的时代中，市场上将出现远不止拉面说这一家新品牌。未来，更多年轻化成功的创新品牌还将诞生、崛起和反超，让我们拭目以待。

第 5 章

品牌年轻化如何精准定位客群与产品

> 年轻化是企业追求的趋势，而品牌要想年轻化，就必须从新消费群体的消费观念、消费方式、消费需求入手，精准定位客群与产品，借助新国潮、新国货的风口，在产品颜值、产品质量、营销方式等层面上以年轻化的策略去打造，才能真正赢得消费者的青睐。即使是传统品牌，也能紧跟时代，焕发出年轻的活力。

01 品牌年轻化如何精准定位客群

年轻化的进程千头万绪,对客户的定位,绝非简单粗暴的"贴标签"即可完成。同样以年轻化为目标,有的品牌通过准确认知客户人群特点,分析其消费行为习惯,制订了对应的营销策略,在市场上广泛推行,产生了良好效果。也有不少品牌虽然喊着"年轻化",最终却既没有被年轻人认同,也被原有客户群所放弃。造成这种情况有多种原因,但没有事先做好客户定位是关键。

不少品牌在进行年轻化营销时,总是先入为主,主观地给年轻人贴上不同的标签,随后再把这种标签贴到自己产品身上,尝试让双方直接建立起联系,进而再获得客户的认同,进入其社交圈。

然而,美好的愿望并不代表现实。如果品牌未能全面观察和认识自己,也就无法正确定位客户。这种盲目的"年轻化"无法真正触动客户。

由于缺乏客户定位意识,品牌方很容易觉得年轻化就是取悦于所有年轻人。实际上,Z世代的共同特点就是个性化、多元化,难以用有限的语言全部展现出来。因此,品牌方必须通过细心观察,找到与Z世代消费群体在精神上的共鸣,以完成对客户的定位。这比所有浮于表面的年轻化更容易成功。

一个品牌想要准确定位客户,首先必须明确自身定位。

品牌自身定位,就是确定品牌应做什么,它决定了品牌将提供何种特征的产品和服务,实现客户的价值。定位是企业对品牌战略设计和选择的结果,也是品牌年轻化过程中其他有机部分的起点。在此基础上,品牌才能明确客户的定位。

客户定位,就是对客户进行评估,确定客户是什么样的人群,有什么样的想法,进而改变自己,满足客户需求。在准确定位客户的基础上,品牌才能在客户心中形成与众不同的价值观念,占有特殊的空间。

例如,前文案例拆解中的 KKV 在短时间内取得了优异成绩,源于其真正以客户定位为导向。品牌从宣传到营销都始终围绕精准客户,而并非以某一固定标准去进行。这样才能更快更准地洞察客户喜好,实现对客户和自身的精准定位。

品牌对客户的定位,应遵循四个步骤和五个原则。图 5-1 为客户定位的四个步骤。

图 5-1 客户定位的四个步骤

步骤一,主要回答品牌方如何看待企业的名字、角色、意义等问题。

步骤二,主要确定品牌旗下产品所对应的客户范围。

步骤三,应找到行业内众所周知但尚未被满足的需求,或者是客户尚未发现和表达的自身需求。

步骤四,应列举品牌产品为客户带来的实际价值,并明确如何解决客户需求。

2019 年百事可乐推出了一个全新的品牌主张——For the love of it(热爱全开)。这是因为其原有的品牌主张 Live for Now(渴望就现在)已经变成了很普通的一句话,无法满足消费者的内心需求,不能引发他们的情感共鸣。而新的品牌主张表达了对生活积极向上的正能量态度,能很有效地引发目标客户的情感共鸣。

百事可乐之所以如此改动品牌主张,是因为其已正确完成上述四个步骤。

首先是正确看待企业,百事可乐提供的不只是碳酸饮料,更是客户所需要的生活态度。其次是确定客户范围,即 95 后到 00 后的 Z 世代群体。再次是发现客户没有被满足的精神需求,即需要热爱和正能量。最后是列举品牌或产品能带来的正能量价值,以品牌主张解决客户的精神需求。

图 5-2 为客户定位的五个原则,我们来详细了解一下。

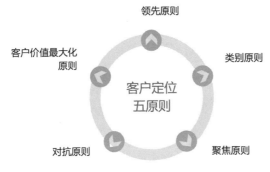

图 5-2 客户定位的五个原则

(1)领先原则。品牌可以"圈定"某类型客户群,为他们提供特定的"第一种"产品。例如,西铁城手表面向所有日本城市青年人打造出"人生第一块手表"品牌,成功定位了双方的关系。

(2)类别原则。如果品牌无法成为大范围人群眼中的第一,还可以自创类别,使自己成为该类别客群眼中的第一名。例如,2019 年喜茶推出了巨型养乐多波波冰,实际上是对客户的进一步细分,从中定位出"热爱养乐多品牌并追求更多容量饮料的年轻客户"这一类别,随后成为该类别客群中的第一名。

(3)聚焦原则。对客户的定位并不一定是加法,也可以做减法。应做到精准界定对象、把握核心节点、寻找隐性关键需求,即通过定义场景来定义客户,以满足不同客户的不同需求。

（4）对抗原则。可以与品类中现有的第一名对抗，从其覆盖的客户群体中，细分出新的群体客户。例如，在国内市场，麦当劳原本是汉堡的传统品牌霸主，但汉堡王进入后，选择细分客户群体进行对抗，推出"火烤""更大的汉堡"等品牌宣传策略，取得了相当程度的成功。

对抗法则首先需要分析整个外部环境，认清竞争对手是谁。其次要避开竞争对手在客户心中的优势，抑或利用其优势中的不足，发现需求尚未被满足的部分客群进行细分定位。最后，品牌还应获得被定位客群的认可，将品牌定位植入其心智中。

（5）客户价值最大化原则。不要片面地从品牌的角度去描绘客户，而是要从客户需求的角度来对客户进行定位，实现客户价值的最大化。其中可分析的需求主要包括功能需求、荣誉需求、精神需求等。

02 品牌年轻化如何精准定位包装设计

Z世代是喜欢和人格化产品对话的一代人。这一代人从童年开始，就习惯了"所见即所得"的传播方式，在他们眼中，人格化才是正常状态，单纯的物化，反而会引起他们的反感。因此，品牌要想做好年轻化，精准定位包装设计是第一步。

然而，如何精准定位包装设计，才能突出品牌年轻化的方向？下面是已被实践证明成功的定位方法。

1. 包装设计的话题感

在包装上放卡通插画形象是许多企业品牌管理团队眼中的年轻化。但同样是应用卡通形象，"三只松鼠"品牌就大获成功，而其他不少效仿者却收效甚微。其实，包装年轻化确实需要视觉要素的年轻化，但更需要视觉要素具有话题感和故事情节。无论包装是否采用卡通插画，都可以通过组合视觉要素，营造出叙事或代言氛围，让Z世代消费群体切实感到，产品包装在传递某种特定的价值观，而并非只是发挥营销作用。

为了让包装更具有话题感，许多品牌还纷纷在包装设计的更新上追求"小而美"，文艺范、二次元、街头潮流等都是该方向内的不同细分。当然，无论具体什么样的风格方向，包装设计的重要元素在于美感、可拍性和可传播性。

包装设计的话题感营造通常有两种具体方式。第一种是企业自身对品牌进行形象的更新升级，但这种方式不能过多使用，否则会导致品牌包装设计形象无法固定，难以让客户真切记住。第二种是寻找其他品牌授权，打造联名款。这种方式较为自由灵活，也能获得更多新的流量。

传统的农夫山泉包装设计是上白下红的经典瓶。随着品牌影响力的延伸和对客户定位的细分，农夫山泉还发布了"四季插画瓶"的学生矿泉水、透明瓶的婴儿矿泉水、玻璃瓶的高端矿泉水等。

图 5-3 是农夫山泉矿泉水的"四季插画"系列包装。

图 5-3 农夫山泉矿泉水的"四季插画"系列包装

与此同时，农夫山泉还和网易云、阴阳师、故宫文化等年轻化品牌合作，推出了不少限量版瓶身。

通过综合使用以上两种方式，农夫山泉的包装设计与其品牌年轻化进程形成合力，在吸引流量的同时，也获得了客户的好感。

这样的包装设计，还给品牌带来更多的叙事空间，可以利用包装更新进行"追热点"，吸引更多眼球。比如故宫瓶是随着电视剧《延禧攻略》的热播而推出，阴阳师瓶和网易云瓶都是在合作方品牌最火的时候顺势推出。除了瓶身设计结合了合作方的 IP 外，还以"金句文案"作为亮点，增强了叙事内容的感染力，平添了客户获得的趣味价值和分享意愿。

2. 包装设计与品牌符号化

随着移动互联网时代的自媒体发展，分享成为品牌的一种推广手段，而具有有趣点、分享点、情怀点的强符号感，才能让包装设计成为品牌年轻化的传播资源。

体现在包装设计上，品牌符号化可以有以下几个方向。

（1）颜色。包装设计可以更新，但颜色应尽量固定，形成品牌的特殊风格。比如京东红、苏宁黄、百事蓝、可口可乐红、洋河蓝、竹叶青绿、Tiffany 蓝、7 天连锁黄……这些颜色甚至能让人闭上眼都能联想到特定品牌，也迎合了品牌年轻化后便于记忆和联想的定位要求。

在颜色的选取中，颜色面积越大的纯色，越是容易让年轻化客户识别。颜色面积越大，越是容易引起他们的注意。品牌符号化最简单的方式，就是用颜色来设定各自的"势力范围"。

（2）形状。包装设计也可以用特殊形状来推动品牌符号化，比如茅台瓶、可口可乐瓶、香奈儿五号香水瓶等。

产品造型是留存在客户眼中时间最长的视觉印象。越是能直接看见，客户付出的认知和记忆成本就越低，他们就越容易在消费时发现品牌。

（3）数字。如果只写出 750，很多人无法联想到品牌。但随后继续写 550、350，很多人就会联想到宝马汽车的等级。实际上，宝马花费了大量的营销资源，将产品等级和客户受众进行对应，并形成不同的品牌细分风格。而用以细分品牌的这些数字，整体成为宝马品牌的另一种包装设计形象。

对于想要进行内部细分的品牌，也可以借鉴宝马的类似做法，用数字进行等级区分，同时也使其成为包装设计形象的重要符号，使品牌在客户的印象中更为突出。

（4）纹理样式。纹理样式可能是在 Z 世代生活（尤其是童年生活）中司空见惯的元素，在品牌符号化的过程中，同样可以采用纹理样式作为视觉包装的外形样式。

在厨邦酱油的品牌策划中，策划者找准了 Z 世代童年时餐桌餐布最常用的纹理样式作为外包装图片的底纹。图 5-4 是厨邦酱油绿格纹包装图片。

图 5-4 厨邦酱油绿格纹包装图片

这一图案组合找准了进入 Z 世代记忆最简单的方式，以此唤起消费者的熟悉感，完成了理所当然的品牌嫁接。

（5）气味。从星巴克诞生之初，创始人就强调要让每家门店都成为当地最香的咖啡馆。而在许多品牌酒店，都有专属调配的气味，其气味包括酒店专用洗涤剂、香氛、香水等。气味能刺激嗅觉，而产品同质化又导致目标客群很容易对类似的视觉设计感到厌倦和重复，因此气味往往能出奇制胜，在目标客群心中建立专属位置。

总之，企业要利用外形设计过程中的一切因素，尽量让品牌的内涵和特征凝聚于包装上，形成特定的符号，拥有自己的"撒手锏"。

03 品牌年轻化如何精准定位营销渠道

有人说，品牌年轻化始于产品、重在渠道、赢在营销。渠道在品牌年轻化进程中居于承上启下的重要地位，企业必须完成营销渠道的定位，扫除品牌年轻化进程中的障碍。

营销渠道定位是指品牌产品销售的渠道选择。无论是传统的消费品巨头，还是新兴的消费品零售企业，都在积极获取 Z 世代消费者的心智份额，在激烈的竞争中，营销渠道成为必争之地。

1. 渠道多元化是必然趋势

环亚集团是香港大型美妆日化类企业，旗下有多个传统品牌。在渠道定位上，这家企业的高管多次表示"不打造全渠道"，而是要做精准的渠道定位。在他们看来，如果品牌经营方总是想把所有渠道都抓在手中，就等于没有渠道。

从 2017 年开始，环亚集团用了一年半的时间对旗下品牌的渠道布局进行调整。美肤宝专攻 CS 渠道和电商渠道；法兰琳卡主要面向屈臣氏、电商和单品牌店渠道；滋源主要面向商超和电商渠道，CS 渠道作为辅助。澳魅线下走百货专柜渠道，线上则以跨境电商为主，进驻天猫国际频道。

环亚集团认为，虽然品牌年轻化是必然趋势，但每个品牌都面对不同的发展阶段，都有自己的优势渠道、补充渠道和放弃渠道。品牌经营方一定要根据品牌定位和渠道的匹配程度，强化建设优势渠道，同时结合年轻化进程，发展和开拓更多的新渠道。

渠道多元化之所以重要，是因为渠道决定了消费者群体的构成，也决定着品牌和产品价值的表现方式。例如，同样为日用化妆产品，在屈臣氏渠道的产品设计、营销活动就更为年轻多样化，但商超渠道吸引到的客户群体有所不同，品牌展示就应不失稳重，并突出价格优势。

在品牌的策划、定位、运营过程中，企业应根据客户群体的习惯、爱好、消费水平，具体确定不同的渠道目标。这同时也需要结合品牌年轻化的规划对市场细分进行定位，在每个细化的市场企业都有必要找到最佳渠道，尽量提供给客户群体最需要的价值，同时减少营销成本。

通常而言，渠道定位还会受到企业性质、产品分类、竞争对手动向的影响。例如，品牌应尽可能避免与竞争者之间采用相同的营销渠道，在同一地区进行竞争。又如，经济状况、法律约束、政策影响、社会评价等来自外界的因素也会影响渠道的设计。因此，任何品牌都不能单纯依靠某一个渠道，渠道多元化是必然趋势。

2. 渠道年轻化的精准运营

年轻化的营销渠道不断增多。线上，从微博、微信、抖音到小红书、直播、网络综艺，再到电商平台。线下，从大型商业综合体到社区门店，再到校园店、CBD 门店等。年轻消费群体聚集之处，都有品牌渠道延伸的空间。为此，品牌必须精准推动渠道的年轻化，使渠道与产品、客群相互适应，相得益彰。

在渠道年轻化上，饮料品牌小茗同学做出了较好的示范。该品牌以 95 后为主要客户群体，从线上线下多个精准渠道发力，实现了成功营销。

在综艺领域，小茗同学冠名《我去上学啦》。该节目定位于青春与校园，在情感上拉近了品牌和目标客户群的距离。通过节目中流量明星和学生的互动，小茗同学逐渐成为 95 后自我想法的载体，使得品牌形象成功注入年轻客户群体的内心，品牌力和销售力获得大幅提升。根据统计，节目播出前后，品牌的认知度和回想度飙升了364%左右，品牌的喜好度和购买倾向指数均超预估值50%，带动小茗同学销售额超过8亿元。

除了线上渠道的精准选择定位外，小茗同学也在线下针对校园场景开展多渠道精准投放。例如，在2018年，小茗同学结合全国中学生足球训练文化，将幽默搞笑的品牌基因融入足球运动，在全国1400多所学校中掀起趣味足球比赛热潮。此外，小茗同学经常赞助各大校园的创意活动。通过投入布局线下的校园渠道，该品牌获得持续曝光，也得到更多流量。

单纯从营销上看，每个行业、每个产品都有传统的营销渠道，但对于年轻化进程中的品牌而言，最重要的工作在于找准适合自己的传播渠道。

如何选择渠道？下面是主要的定位逻辑。

（1）渠道属性。任何营销渠道都有自身的独特属性。在选择和定位渠道之前，品牌方必须对此加以鉴别。

一般而言，渠道属性可以分为两大维度，即渠道信息载体和渠道沉浸能力。

渠道信息载体是指渠道传递信息所使用的内容表现形式，通常为文字、图片、视频、声音等。一般而言，视频包含的信息量最大，图片和声音最容易理解，文字带来的想象空间最大。

渠道沉浸能力，指渠道有多大能力将目标客户群带到渠道中，被带入的程度越深，营销到达率就越高，目标客户群就越不容易被外界环境所干扰，而是被品牌信息成功触达。

渠道信息载体其实并没有高低优劣之分，主要应根据品牌想要传播的目标内容进行针对选择。例如，对于同一个品牌来说，如果想要传播该品牌产品的律动感、听觉效果，首选载体应是声音。如果想引发目标客户群的联想，就应选择文字载体；如果想表现该品牌冲击力，就应选择视频。

相对而言，渠道沉浸能力应越高越好。品牌需要结合目标客户群的生理、心理特点和所处的社会、生活、工作环境,选择能让他们最大限度沉浸的渠道,确保沉浸效果充分。

（2）渠道核心人群。没有人群,就没有渠道。人群是渠道的根基,定位渠道,实际上就是定位该渠道的核心人群。企业必须对不同的渠道进行画像,这关系到品牌是否能顺利传播,以及用怎样的方式来影响核心人群。

例如,同属于短视频平台,抖音和快手的核心用户就有所不同。

抖音的核心用户画像是：以一二线城市年轻用户为主,男女比例较均衡,女性略多于男性,主要包括城市青年、时尚青年、才艺青年、俊男美女等。用户标签多为喜欢音乐、美食、旅游、体育,社交风格更趋向于时尚流行、文艺清新、校园风格等。

快手的核心用户画像是：大部分来自二线以下城市,许多人来自四线及以下城市。他们多是广大基层社会中的青年,热爱分享、喜欢热闹,关注生活百态,从田间地头到城市广场都有其身影。

可以想象,不同品牌利用短视频进行传播时,必须结合精准客户群体,对应上述核心人群,找准适合自己的渠道。例如,对于婚纱摄影行业品牌而言,婚纱摄影通常是女性客户作为决策者,抖音女性核心用户群体的年龄层次处于恋爱或结婚期,对婚纱摄影有一定的品质要求和对应的消费能力,因此抖音渠道更为精准。

（3）渠道的调性感。渠道和产品不同。产品的口碑差,客户减少,产品就会消亡。而渠道的口碑即便很差（例如街边小广告）,只要有效,就永远会存在。

但是,渠道的调性感对于品牌年轻化的影响很大。很难想象,如果品牌精准客户群是大一新生,而品牌却选择了CBD电梯写字间的广告作为营销渠道会是什么结果。因为无论是实际接触可能,还是在客户群眼中的观感,这样的渠道都显得不太合适。

对于大部分企业而言,品牌客户调性和渠道感知调性必须一致,表现为类似的公众形象、情感、交流体验等。这也是小茗同学选择在校园调性的线上线下渠道进行营销的原因。

另外，品牌的产品调性和渠道呈现调性也应一致。为此，品牌方必须选择合适的渠道和产品结合点，即不仅要定位准确的渠道，还要采用准确的形式，在渠道中展示产品的特性。

（4）渠道分享路径。通过渠道力量，品牌可以最大化地触达目标人群。不仅如此，品牌还要借助渠道，实现传播效果的几何数级放大。尤其在移动互联网渠道中，渠道人群的转发和分享都是营销活动的重要组成部分。

为此，品牌方在精准定位渠道时，必须研究渠道人群接收内容信息后如何分享传播的场景。例如，渠道内是否有成熟的分享路径，使用起来是否简单自然，营销内容是否给出足够的分享暗示，分享过程中存在哪些情感或技术障碍等。

04 品牌年轻化如何精准定位产品价值

品牌年轻化获得成功，背后的原因有很多，而其中不可或缺的是定位产品价值。面对竞争激烈的市场，选择做一款独特的产品，比如何推广、传播要更为基础和重要。

定位产品价值，实际上就是产品定义或策划。产品定义精准，品牌年轻化也就成功了一半。

本书拆解过的拉面说，就是产品定义精准的典型。

在定义产品价值之前，拉面说研判了中国方便面市场的形势。拉面说将产品价值定位在"让消费者不用去拉面馆，在家就可以吃到的高级面"。这一定位相当巧妙，因为日式拉面在中国占有一定的份额，在目标消费人群心智中带有一定的精致、高价等暗示，因此更容易接受其价值定位，随之接受更高定价。

1. 从产品价值到品牌价值

准确的产品价值定位，能帮助品牌和客户建立长期关系。一旦产品价值满足了消费者的期望值，建立相同价值观，客户很可能在未来都购买相同品牌的商品，甚至会主动关注品牌的新商品，并产生强烈的信任感和忠诚度。

任何品牌年轻化的核心，都离不开产品或服务的美好体验。虽然品牌想象、推广营销和文化传播的价值非常重要，但如果产品价值定位错误，就无法掩盖失败的事实。因此，产品定位必须找准市场上产品的缺口机会，随后将之分解为产品的价值机会和产品定位，并利用产品的功能特征、造型设计或市场策略等加以外化表现。

真正有效的产品价值定位,不仅能弥补市场缺口,还能将品牌的宗旨与目标客户联系在一起。品牌方必须对产品和竞品以及产品和品牌价值观之间的关系有深入的认识。企业还应深入了解目标客户的本质需求与期望体验,进而将这些转化为产品的开发标准。

2. 产品价值定位五步法

在开始进行产品价值定位之前,品牌方会面对以下问题:产品将满足谁的需求?他们有哪些需求?我们提供的产品是否能满足他们的需求?需求与产品提供的独特结合点如何选择?如何有效满足需求?

为了回答上述问题,可采用产品价值定位五步法,如图 5-5 所示。

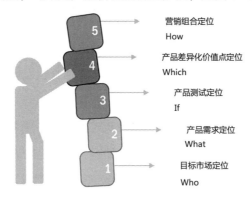

图 5-5 产品价值定位五步法

(1)目标市场定位。目标市场定位是对目标市场进行细分并加以选择的过程,即明确产品将为谁服务。在产品大量过剩、市场不断细化的今天,任何一家企业的任何一款产品,都不可能满足所有人的需求。为此,品牌方需要事先确定细分市场的标准,对整体市场进行细分,随后对细分的市场进行评估,最终确定目标市场。

(2)产品需求定位。产品需求定位是了解需求的过程。这一过程并非根据产品类别进行,而是依据客户的实际需求价值确定。

客户在购买产品时,总是为了获得某种产品的独特价值。产品的价值组合,是由产品功能组合而实现的。不同的客户对产品有不同的价值诉求,这就要求品牌方积极进行需求调研，用来指导新产品的开发或原有产品的改进。

（3）产品测试定位。产品测试定位是指品牌方进行产品创意或产品测试，即确定企业提供的产品是否满足客户的需求。通过该环节，企业能对自身产品的设计加以改进。

首先，在该环节中，企业应对客户从心理层面到行为层面进行深入全面的探究，从而了解细分消费人群对某一产品价值整体是否能接受。

例如，企业应考察产品概念的可解释性与传播性，应了解同类产品的市场开发度分析，应围绕产品属性定位与消费者需求进行关联分析，应对消费者的选择购买意向进行分析。其中，就产品概念与客户认知、接受的对应分析，是针对某一现有产品概念，判断其可解释性与可传播性。很多成功完成年轻化的品牌，看似引领潮流，实际上他们并不一定是新产品的研发者，而是定义和推广了新的产品概念。

其次，对同类产品的市场开发度进行分析，包括分析产品渗透水平和渗透深度、主要竞争品牌的市场表现、消费者可开发度、市场竞争机会等，这些分析都可用来衡量产品概念的可推广度。

再次，分析产品的价格和功能等属性定位与消费者需求之间的关联。即便消费者对产品概念的接受和理解程度很高，但如果没有对产品的需求，或者需求已经被其他产品满足，那么品牌的产品概念依然很难有良好的市场前景。企业必须对影响产品定位和市场需求的因素进行关联性分析，对产品的设计、开发和营销进程加以调整。

最后，企业还应探究客户是否将接受与需求转化为购买与使用。企业应对消费者的选择购买意向进行分析，完成自身产品定位的效果测定。这一环节包括新产品开发研究、概念测试、产品测试、命名研究、包装测试、产品价格研究等步骤。

（4）产品差异化价值点定位。产品差异化价值点定位需要解决客户的差异化需求、产品能否满足差异化需求以及竞争者特点等相关问题。同时，企业还应考虑提炼的产品独特价值应如何与营销方式结合。

在上述结果的基础上，应结合客户群体的研究，进行产品独特价值定位。一般而言，产品独特价值定位方法包括依据产品解决问题特色定位、依据产品使用场合时机定位、依据客户类型定位、依据竞争品牌对比定位、依据产品类别的游离定位、综合定位等。在解决了独特价值的基础上，再进行相应的差异化品牌形象定位与推广。

（5）营销组合定位。营销组合定位即如何满足客户需求。

确定如何满足目标顾客户的需求后，企业应设计专项的营销组合方案并加以实施，使得产品价值的定位顺利实现。对于品牌年轻化而言，这不仅仅是推广过程，也是产品价格、渠道策略和沟通策略有姐结合的过程。

05 品牌年轻化如何精准定位供应链

近年来，许多优秀品牌脱颖而出，而在数年前，它们甚至连大型企业的队伍都没进入，甚至有的还刚刚起步。是什么造就了这些品牌的成功？毫无疑问，是对市场需求的准确把握，也是对自身行业定位战略的准确选择与实施，而其中对供应链的精准定位更是必不可少。

今天，品牌与品牌之间的竞争已经变成供应链之间的竞争。优秀的品牌管理并不追求理论上的完美全面，企业需要根据自身所在行业的特点和需求，设计和建立自身的供应链特色，使之同竞争者有所区分，形成对客户的差异化服务。

传统企业在对供应链进行定位的过程中普遍存在定位过高过低、定位混乱或定位摇摆不定的问题。探究其根源，往往是落后的定位策略已经无法适应今天的以Z世代为主流的消费群体，更难以推动品牌年轻化。

1. 供应链定位的内容

企业对供应链定位的内容，主要包括库存和成本、信息、客户服务以及合作关系。

（1）库存和成本。库存流和库存水平的定位是供应链定位的重点，也是评价供应链是否成功的主要标准。库存水平既应满足客户需求，又要有利于降低管理成本。因此，库存水平和成本是供应链定位的重要考虑因素。

（2）信息。信息影响着供应链定位的效率。通过组织信息流通，形成即时共享，能使供应链定位的效率得以提升。

（3）客户服务。准确定位客户服务的价值是供应链定位成功的重要因素。优秀品牌的成功来源于对供应链的定位和管理，将物流成本或价格与提供的客户服务相联系，从而保持充分的竞争力，使品牌赢得更大的市场份额。

（4）合作关系。供应链伙伴间的合作关系，是成功定位供应链的另一个重要因素。为此，品牌方应将供应链作为单独的组织加以经营。供应链上的所有合作企业，都应专注于自身为供应链提供的核心竞争力，从而帮助品牌灵活敏捷地对市场环境做出反应。

2. 供应链定位策略转化

传统的供应链定位策略，大都是面向存货生产的。该策略主要根据企业需求来预测存货，组织供应链各节点的采购、生产和销售。这一策略更容易形成规模经济，能提供更廉价的产品。

然而，在品牌年轻化的进程中，企业的规模经济优势地位有所下降，而产品灵活性的地位日趋重要。为了能根据客户需求来组织供应链上各节点的采购、生产和销售，有必要选用新的定位策略，从而提高面向Z世代人群的服务水平。

当然，上述两种供应链定位策略，只是体现在企业经营战略选择的过程中，而并不代表必然的方向。对于初创品牌而言，寻找合适的供应链，更需要因地制宜，根据品牌自身特点有所取舍。

例如，初创品牌的团队内部组成更多的是推广、销售和仓储等环节，不具备设计和生产能力，就应将整个设计和生产过程，外包给具有强大实力与良好态度的企业。由该企业进行设计和货品生产，团队可以专心进行品牌传播。

如果团队有一定的设计和生产能力，则可以根据销售情况，将生产逐步外包。品牌方则专注于采购和销售环节。

如果团队本身是以工厂为主，希望通过品牌变革来转型，则可以考虑将设计和传播外包。

3. 线式供应链转型网状价值链

品牌传播与营销的过程，也是产品价值发现、传递、创造与增值的过程。在此过程中，价值评估是前提，价值的创造和增值是关键，价值的传递也不可或缺。当企业与上游供应商、下游客户建立伙伴关系时，就应真正带着客户的价值需求去定位供应链，将原本线式的供应链，改造成更为生态化、更为灵活的价值网。其中，既要考虑垂直价值的传递和创造，又要增加横向价值的维度。

这意味着，企业仅仅联手供应链上的合作伙伴，为客户增加价值还远远不够。企业应考虑结合品牌年轻化，搭建出先进平台，并在该平台上，和价值互补的成员携手。企业应让每个互补者成为平台上的模块，并能与其他互补者共同服务客户。这种新型的供应链定位重新看待和定义了客户价值，实现了新的品牌营销。

案例拆解：详解"三顿半"咖啡的爆红之路

2020年"双十一"活动过后一周，各大电商平台逐渐恢复平缓状态。但在咖啡市场中，网红咖啡"三顿半"的销量却依然节节攀升，让这一新兴国产品牌越发亮眼。

在2020年"双十一"活动中，"三顿半"斩获了天猫冲调类目第一名和咖啡类目第一名双料冠军，且"双十一"当日销售额破亿元。而这也是它自2019年"双十一"之后第二次成为行业第一。

除了打破雀巢垄断，连续两年成为天猫"双十一"单品类销售冠军之外，"三顿半"还获得了"60万颗咖啡一小时销售一空，成交额破百万元""天猫咖啡品牌全球品牌第一""阿里巴巴ONE商业大会，ONE新品创新奖"等多项荣誉。

最重要的是"三顿半"打破了国产咖啡的发展状态，让中国品牌的咖啡被大众重新认知、定义，更成了Z世代大爱的网红新星。

那么，"三顿半"是如何从名不见经传的小众品牌蜕变为新国货消费品牌黑马的呢？这其中有哪些秘密呢？

分市场，重塑定位

2015年成立的"三顿半"自成立伊始就被定位为精品咖啡品牌，创始团队拥有7年的咖啡行业运营经验。成立之初，"三顿半"先后推出了挂耳咖啡、冷萃滤泡咖啡两代产品，由于产品属性太过传统，所以品牌发展毫无起色。

于是创始团队转变市场运营策略，将第三代产品瞄准了速溶咖啡市场。速溶咖啡是Z世代大爱的咖啡类型，虽然速溶咖啡长期被贴有反式脂肪酸、高糖等标签，但速溶咖啡行业却在向健康化发展。

在明确了客户群体特性与产品发展趋势后，"三顿半"推出了第三代产品——精品速溶咖啡。正是这种细分市场、重塑定位的创新，让"三顿半"在咖啡行业中开辟了全新的市场。

"三顿半"的速溶咖啡上市后，三个月时间就占据了其品牌产品总销量的50%，2020年之后"三顿半"速溶咖啡已经占品牌总销量的80%。"三顿半"获得的成绩主要得益于对产品与客户群体的准确定位。

"三顿半"速溶咖啡完美满足了Z时代的精神需求,通过细分速溶咖啡市场的方式占领了Z世代的心智。

新品牌新鲜感,新潮流新定义

"三顿半"速溶咖啡可在3秒内即溶于水、牛奶、苏打水、茶等液体,并采用冻干粉还原了咖啡原本的味道,且口味和现磨咖啡无太多差异,所以"三顿半"才可以迅速抢占市场。

为了达到这一效果,"三顿半"对第三代产品先后进行了品类创新、产品创新、价位创新、技术创新、包装创新、场景创新,令其与传统品牌、传统风格、传统模式形成明显差异,定位了年轻心态,开创了新潮流。

当品牌可以表现出与众不同的特色,且品质高端、时尚时,自然会博得更多粉丝的青睐。

从吸粉经济到宠粉经济

粉丝经济是新媒体时代特有的产物,当代新兴品牌的高速发展都离不开粉丝经济,优质品牌的粉丝经济是从吸粉经济到宠粉经济的提升与转变。

"三顿半"的粉丝群十分庞大,通过市场细分实现了客户群体定位,通过产品创新精准对接了粉丝群体。换言之,"三顿半"的客户不仅喜欢速溶咖啡产品,更喜欢"三顿半"品牌,并且这一趋势随"三顿半"的发展不断被强化。

(1)"三顿半"的吸粉经济。"三顿半"在发展初期就十分重视圈层文化,通过走小众品质路线快速在各类年轻群体圈粉,在新媒体市场中采用了网格化发展模式。

在新媒体市场竞争不断加剧的今天,"三顿半"选择了塑造行业KOL的发展策略,从年轻群体的圈层出发,通过提升圈层号召力,快速转化了大批私域流量。

(2)"三顿半"的宠粉经济。在建立了一定的粉丝基础后,"三顿半"随之展开提升客户体验的发展模式。

例如，有粉丝提出"三顿半"的包装虽具创意，但存在不环保的隐患。"三顿半"立即推出了产品回收计划，客户可以将用完的包装带回"三顿半"回收站，并领取精美小礼品一份。

这一举动看似简单，但却在粉丝心中树立了良好的品牌形象，并且提升了粉丝的互动感，同时也为"三顿半"带来了二次流量，一举三得的宠粉经济被"三顿半"运用得淋漓尽致，在提升用户体验感的同时，更带来了品牌的高速发展。

无颜值，不年轻

作为 Z 世代钟爱的新兴品牌，"三顿半"也在强调着自己的年轻属性。从包装设计到品牌符号，"三顿半"都选择了 Z 世代喜欢的前卫风格与简约风格，从而在粉丝眼中形成了别具一格的视觉符号。

和传统速溶咖啡包装不同，"三顿半"选择了自己的玩法，它使用造型可爱更具年轻气息的迷你杯作为产品包装，另外在迷你杯上还标有不同的数字，这些数字代表咖啡的烘焙浓度，数字越高烘焙程度越深，客户可以根据自己的口味选择不同的产品。

另外，在包装环保问题出现之后，"三顿半"创新了包装材质，所有迷你杯都采用 100% 可回收材料制成，这也成了"三顿半"的设计亮点。

好玩才是王道

2019 年，"三顿半"在小红书 App 上发布了"30 秒盒子变小花盆教程"，让自己的迷你杯成了年轻人手中的玩具，这一活动不仅提升了产品销量，更增加了迷你杯的使用场景，为酷爱新鲜事物的 Z 世代增添了乐趣，一时间"三顿半好喝又好玩"的话题开始在各大自媒体平台传播。

本就高颜值的迷你杯随着这股潮流开始渗透社交场景，不少客户改造迷你杯之后纷纷在社交圈晒图，从而让"三顿半"不费吹灰之力完成了品牌的二次推广。

KOL 曝光，KOC 接力

2019 年，在"三顿半"品牌影响力不断增长的过程中，KOL 成了其发展的主要助推力量。在微博、小红书上，"三顿半"多次邀请美食达人分享产品体验，并聘请行业 KOL 担任其包装"返航计划"的志愿者，之后又在 B 站、抖音等社交平台输出短视频内容，请平台达人以评测的形式种草、推广。

在这种发展策略下，"三顿半"一时间在各大平台吸引了超高流量，知名度不断增加，粉丝群体从圈层客户直接升级到全网覆盖，粉丝纷纷表示"三顿半"搞营销的策略非常高端。

年轻态必跨界

跨界似乎成了当代年轻品牌的标准动作，在百事可乐跨界与《人民日报》合作、香飘飘跨界与泸州老窖合作等时代趋势下，"三顿半"也联合茶颜悦色开设线下联名概念店。

在这家概念店中，一侧是极简的咖啡专座，一侧是复古风与工业风融合的茶品轻饮，极具个性的概念风格让粉丝得到了全新体验。

另外，两大网红品牌还推出了联名礼盒，礼盒中既有速溶咖啡，也有奶茶粉，并且包装上包含了两个品牌的代表性元素，礼盒一经推出就吸引了无数眼球。

细读"三顿半"的发展之路，它的成功看似偶然却是必然，它不仅弥补了 Z 世代专属的咖啡市场空白，更迎合了年轻群体的生活需求，它用更新奇，更好玩的元素征服了 90 后、00 后，让国潮成为市场新欢，用年轻化成就了品牌黑马。

案例拆解：揭秘小奥汀如何对标花西子与完美日记

提到花西子，大家一定会联想到李佳琦的直播间；提到完美日记，人们也会想到戬爷、周迅等一线明星。但是有这样一个品牌，在没有网红大V、一线明星助阵的前提下，在国货彩妆领域直接对标花西子与完美日记，不惧两大国货顶流，硬生生走出了一条厚积薄发的路，这就是小奥汀。

在2020年"双十一"活动期间，天猫平台彩妆领域成了"战火"最激烈的热门赛道，在完美日记、花西子激烈比拼之际，小奥汀却以一小时销售额破2000万元、活动期间销售额破亿元的成绩登上了国货彩妆潮牌的榜首位置。

这个小众品牌是如何在年轻用户群体中突然火起来的呢？正是因为它坚持了自己独特的品牌发展之路。

小奥汀诞生于2013年，由海归设计师Simon Yu一手创立。在小奥汀发展之初，它就选择了一条精准定位客户群体的发展之路。小奥汀前期的主打产品为水性指彩甲油，这款产品全面、深度满足了女性群体的各种生活场景需求。因为产品没有刺鼻气味，花样更新快，且颜色创新较多，所以小奥汀的产品理念完全迎合了当代时尚女性的消费心理，虽然属于小众品牌，但发展速度持续加快。

2018-2019年，中国美妆市场掀起了"口红潮"，小奥汀自然不想放过这次机会，决定切入唇彩产品领域。但经过一番试水后，小奥汀发现，这一领域竞争太过激烈，对于基础实力相对较弱的小奥汀而言，挑战这一市场风险太大。

于是小奥汀选择了"悬崖勒马"，在口红冲击美妆市场之时避其锋芒，将品牌发展重心转移到了眼妆领域。拥有指甲油运营经验的小奥汀在眼妆领域发展得顺风顺水，同样采用深度满足用户需求，提升用户体验感的策略，小奥汀的眼线笔一举超过了日本平价彩妆kiss me，总销售额达到了1.5亿元。

2020年4月，小奥汀开启了品牌年轻化战略，先跨界动漫领域，推出了"猫和老鼠"联名款芝心腮红，又在各大自媒体平台开始直播种草。截至2020年9月，小奥汀已经先后与泫雅、杨芸晴、新晋流量小生陈飞宇等多位明星合作,从而收获了大批年轻粉丝,在品牌年轻化的塑造之路上,小奥汀可谓收获满满。

了解了小奥汀的发展历程,大家可以发现小奥汀的成功不是因为运气,而是因为智慧。顺势而为但避免竞争,差异化发展但不偏离主流渠道,从侧面进攻但不偏离品牌年轻化的方向。

第6章

小众品牌如何引爆流量，落地渠道

> 大众品牌看"牌",小众品牌看"品"。相比大众品牌,小众品牌的质感、满足个性化的方向才是引流爆单的关键。小众品牌的生命力取决于自身品质的极端化打造,有品质才能吸引消费者,有品质才能得到大众的认同,产品才能够打通引爆流量的渠道。

01 如何构建数字社交矩阵

2020年是新消费品牌的爆发之年,众多年轻品牌的兴起悄然颠覆了传统品牌的运作规则。在势头凶猛的新消费浪潮面前,无数潮流新锐、网红品牌快速兴起,有不少传统品牌面对这一状况却一脸茫然,不知其运作原理,只看到年轻消费者的疯狂追捧。

相比传统品牌的商业矩阵而言,小众品牌的引流更侧重于数字社交矩阵。那么在90后消费群体引领消费变革的过程中,数字社交矩阵应该如何构建呢?

构建专属Z世代的数字社交矩阵,需要从兴趣、爱好、精力等方面入手,层层递进,逐步完善。

1. 成长标签明示Z世代的消费维度

Z世代非常善于思考,并乐于把更多的时间、心思、精力花费在兴趣与爱好之上。

朋克养生、游戏电竞、逛街旅行、公益活动、社交聚会均是目前Z世代生活的主要元素,我们可以发现虽然Z世代的日常活动方式丰富,但都离不开社交的基础,相比Y世代"随性、懒散"的特性,Z世代有更强的主动性,有更明确的生活目标。

愿意为兴趣、爱好付出巨大的努力,这就是Z世代的成长标签。笔者曾采访过一些Z世代的"小朋友",发现虽然他们的生活情况存在差异,但生活方式与生活观念却极为相似。

例如,面对"你近期有没有明确的生活目标,或有哪些生活规划?"这问题时,他们是这样回答的。

22岁的大学生小王表示:"课余时间努力打工,钱攒够了马上来一场说走就走的旅行。"

19岁的大学生小田表示:"暑假打工两个月,就为了这个月去看一次自己最爱的展,门票有点小贵,但钱已经攒够了,心里有点激动。"

25岁的白领赵先生表示:"新冠肺炎疫情期间胖了20斤,现在每天坚持去健身房锻炼,半年时间内一定要秀出自己的腹肌。"

相比Y世代而言,Z世代的生活看似缺乏长远规划,但这个群体对未来工作、生活的忧患意识非常突出,同时展现出很高的积极性。

另外我们可以看出Z世代生活的幸福感与满意度很大程度来源于兴趣爱好,所以Z世代愿意在爱好上花费更多的时间与精力,对自己投资的意识更强。

事实上,Z世代生活的压力更大,因为Z世代所处的时代发展节奏太快,这一群体无时无刻不在担心自己会因社会发展提速而被淘汰,担心无法找到喜欢、适合的工作,对未来发展的期望与担忧并存,这才是Z世代内心真正的想法。

从Z世代的成长标签中,大家可以看出Z世代有主动突破舒适圈的勇气,也有幽默豁达的生活态度。他们生活在数据化的信息世代,少了叛逆,多了理性,懂得构建有品质的生活,而且青睐于专属自身的品质生活。消费维度广,网络与现实都是这个群体的主要消费渠道,他们青睐于小众产品带来的个性体验,沉浸于场景体验带来的消费畅想。

2. 社交领域明示Z世代的消费心理

近年来,大量小众品牌开始崛起,这些品牌背后有年轻化品牌对Z世代消费心理的揣摩,也有当代年轻人对自己的重新定义。

(1)个性化需求多样。Z世代的消费者有多种多样的个性化需求,但也有其共性那就是重颜值、重视互动与社交,社交商业、小众品牌都可以在Z世代身上找到切入点，从多个层面满足这个群体的消费需求。

（2）消费能力强，但风险意识更强。Z世代见证了新媒体时代的商业发展，面对新媒体时代各种不确定因素早早就有了风险意识，所以相比品牌效应广，但消费风险大的传统品牌而言，Z世代更青睐于注重品质的小众品牌，且忠诚度极高。

（3）购物是自我定义的过程。在Z世代的消费心理下，众多小众品牌与小众品类开始崛起。原因在于年轻人在购物过程中进行了自我定义，这一心理诉求便是众多网红品牌高速发展的原因。

80后购物的消费心理为：我喜欢这一品牌；

90后引领的Z世代群体的消费心理为：这就是我的品牌。

所以，Z世代的购物不仅仅是一种消费行为，也是一种为自己贴标签的过程。现代小众品牌，网红产品崛起与爆红的过程正是遵循了这种消费逻辑：年轻人渴望表达自己、包装自己、彰显品位，而小众品牌、网红产品为年轻人提供了这一渠道。

3. 社交诉求明示Z世代电商生态

2019年，"钟薛高""完美日记"开始以明星、KOL种草的方式裂变发展，以自媒体平台为载体，把产品内容流量顺利转化为电商流量，这就是年轻化品牌构建的电商生态模式。

在越来越多的人还在思考品牌的价值时，年轻化的小众品牌、网红品牌已经开始注重品牌口碑的打造，因为在社交媒体当中，口碑才是最好的传播媒介。

事实上，从自新媒体时代到来的那天起，再小的个体也拥有了成为知名品牌的机会，随着各大自媒体平台商业渠道的迭代与完善，小众品牌找到了极佳的发展渠道，以数字社交矩阵的方式不断将品牌放大，自媒体平台上的长尾效应也不断被突出。新品牌独特的价值观很快得到了Z世代这个群体的肯定与认可，大家迅速根据自身的性格、价值观分类站群，并忠诚于品牌。相信在未来的发展过程中，新媒体时代将呈现出两极发展趋势，传统品牌引领的商业潮流头部与小众品牌沉淀的商业潮流尾部同时开花，而中部品牌如果不能够及时为自己定位，发展压力将不断增大，甚至渐渐被潮流淘汰。

由此看来，小众品牌的发展与爆红，在新媒体时代并非昙花一现，而是潮流所趋。互联网公司在新媒体时代找到场景应用的方式，Z世代的年轻群体追逐场景进行消费，短视频种草、直播带货开始出现狂欢的状态，新晋品牌开始享受红利，小众品牌开始收获粉丝，数字社交矩阵逐渐成形。

Z世代这一群体拥有自己独特的风格，而小众品牌针对这一群体所做的正是迎合趋势，与其分析内部商业模式、构建商业平台，不如针对Z世代心智制定战略方针。你的个性我来彰显，这就是促进小众品牌成长、爆红的临门一脚。

02 品质健康优等与供应链稳定安全的构建策略

2020年热门电商频频出现,得物、王饱饱、钱大妈等新兴品牌用真实的故事告诉大众小众品牌如何引爆流量:落地渠道,逆袭为王。在解析了Z世代的数字社交矩阵之后,下面详解小众品牌发展的两个关键因素。

小众品牌对外需要展现过人的品质,即品质健康优等;对内需要拥有成熟的供应链,即供应链稳定安全。

1. 品质健康优等

大家都知道,年轻人喜欢小众品牌的出发点大多是小众品牌的品质,极致的品质感可以瞬间吸引年轻人的注意力。那么高品质的小众品牌如何塑造的呢?

2019年喜茶风靡全国市场,作为当代小众品牌的代表品牌,我们可以看出喜茶的产品与场景设计别具一格,极具年轻气息。走进喜茶小店,看到了不是气息古朴的茶罐、茶具,而是现代感十足的圆柱形玻璃罐,嫩绿的茶叶在这种容器中凸显出品质感,同时现代简约的消费场景让喜茶的品牌表现出了十足的艺术气息。

喜茶把"茶文化"从传统观念带到了Z世代的生活当中,即开创了年轻人喝茶的个性风格,向Z世代提供了表达自我的渠道。再加上一个简单易懂品牌名称,以及中国人对"喜"字的青睐,喜茶成功塑造了年轻、现代的品牌。

由此喜茶品牌的个性被充分彰显,品牌效应在自媒体平台迅速传播,急速覆盖全国市场。

从喜茶的发展过程中，大家不难看出，小众品牌的品质可以从以下五个方面打造，且品质越健康、越突出，传播效果就越明显。

（1）品牌名称。为什么说喜茶的品牌名称有品质、年轻化？因为从这个简约的名称中，年轻人可以品味出灵感、酷、禅意、时尚。

大家再来看一看喜茶为自己产品系列选择的名称：芝士茗茶、莓莓芒芒家族、满杯水果家族、波波家族、茶冰淇淋、茶极客限定、喜茶热麦、喜茶食验室等多个系列，每一个系列的名称都定位于年轻人。

多考虑Z世代的生活元素、生活需求和生活品位，从这三方面入手，品牌的品质才能凸显出来。

（2）品牌形象。相比于传统品牌和大众品牌，小众品牌的品牌形象代表着年轻群体的个性特征，同时更彰显出小众品牌自身的实力与特质。从品牌自身设计来讲，品牌形象需要从图案、包装、标志性等方面入手，考虑品牌在年轻人眼中引发的联想以及产生的第一印象。

从小众品牌形象产生的效果来讲，则需要包含以下几个要点。

①能否精准定位客户群体。对于小众品牌而言，品牌形象第一时间对消费群体产生明确的触动是一种高品质的表现，同时可以产生良好的宣传效果。

②是否独具创意。在新媒体时代，Z世代群体更喜欢富有创意的品牌，创意性就是品牌形象高品质的必备元素。

③是否口碑突出。对于小众品牌而言，虽然客户群体忠诚度高，但口碑决定着品牌的传播效果，所以品牌形象需要有正向的引导作用，以此提升品牌口碑，加速品牌在年轻群体中的传播推广。

（3）品牌文化。在大众品牌文化通过各大自媒体平台吸引大众眼球时，也有相当一部分小众品牌以独具创意、特色的小众文化改变着大众的思维。

小众品牌必然有其独到之处。它不需要讨好所有人但一定会展现出自己的品牌特色。小众品牌既可以满足消费群体对产品的基础需求，也可以通过文化理念帮助消费群体展现出自身的不同之处。

对于 Z 世代而言，小众品牌文化不是一种由外到内的影响，而是一种由内到外的表达。大多数小众品牌文化都以"新奇、创意、识别度高，概念性突出"作为原动力，将创新理念融入创意产品当中，文化内涵更是品牌的独特设计元素，这也是小众品牌吸引人的主要原因。

（4）产品工艺。很多人认为小众品牌必然存在品牌壁垒，品牌发展很容易出现瓶颈。不知他们是否思考过，事实上，"苹果"最初也是一个小众品牌。1976 年宣告成立的"苹果"已经 40 多岁了。在 iPhone4 手机问世之前，"苹果"在美国一直是小众品牌，甚至到今天仍有不少"果粉"不知道苹果手机究竟强大在何处，只是单纯地跟风购买。

小众品牌品质凸显的重要渠道就是产品的工艺，当工艺可以对消费群体产生深度影响时，就可以引发一种潮流，甚至形成一种商业法则。

（5）现代技术。没有现代技术，怎么称得上年轻品牌？近年来在各大自媒体平台上风靡的"黑科技""新奇特"产品拥有哪些共性？均属现代科技产物。

可以说小众品牌只有和现代技术产生联系，才能够触发年轻人的消费欲望。因为年轻人购物的重心仍在兴趣与爱好之上，而兴趣、爱好大多和现代生活相关。

2. 供应链稳定安全

有人说做品牌可以找供应商，完全没有必要自建渠道。但对于小众品牌而言，是否要建立供货渠道取决于供应链是否稳定安全，因为供应链不仅影响着产品品质，更关系到品牌对应的消费群体的忠诚度，是品牌的发展基础。

在 2020 年天猫"618"活动中，王饱饱成功超越桂格、卡乐比等外资品牌，成为麦片品类产品中绝对的第一品牌。那么这个年轻的新品牌是如何在短短几年时间内成为一线网红品牌的呢？主要原因有三个。

（1）目标群体精准。王饱饱将 Z 世代中的女性用户设定为自己的目标群体。这群 90 后、95 后女孩乐于接受新鲜事物，眼光前卫，可以说只要产品有特点、有品质，就能够打动她们，即使是小众品牌她们也乐于接受。

（2）产品定位精准。Z世代的生活节奏快，且表现出无规律的状态，但他们在享受现代美食的多种口味时，也十分注重健康、营养的食品特性。所以王饱饱就根据这个群体的共同需求，将产品定位为现代健康食品。以富含膳食纤维的燕麦为主要食材，辅以营养丰富、色彩鲜艳的各种水果，及时将减肥瘦身元素融入产品当中，触动了年轻人的消费心理。通过这种方式，"好吃又瘦身"的王饱饱收获了大量忠诚的粉丝。

（3）自建供应链，提升产品力。王饱饱在品牌创建之初就选择了自建工厂解决供应链问题。虽然属于小众品牌、新兴品牌，但王饱饱非常清楚供应链代表产品的产品力，年轻化的饮食产品需要展现灵活性，而自有工厂能够彻底解决这一问题。

相比于桂格、卡乐比等知名大牌，王饱饱的供应链展现出了独特的优势，它可以快速将食品行业的流行元素与自身产品相结合，新产品研发成功后马上小批量投放给粉丝，并及时了解产品口碑，确定口碑良好之后及时营造产品的食用场景，随之将大量产品投放市场。

从王饱饱崛起过程中的关键点可以看出，小众品牌要想跻身一线网红品牌，供应链的稳定性十分重要。

确保供应链稳定安全的主要方式有以下三种。

（1）自建供应渠道。对于小众品牌而言，这种稳定供应链的方法需要较大投入，且发展初期看似投入与收入难成正比，但却可以为小众品牌带来年轻化特性，且能提升小众品牌的产品力。

（2）品牌与技术相融合。除了自建供应链的方式，市场上采用更多的供应链方式还是品牌与技术相融合。这种方式是将小众品牌与产品生产技术融合，确保供应链提供的是自己专属的产品，这种方式同样可以起到稳定供应链的作用。

（3）完善供应链。2020年4月，王饱饱完成了近亿元的B轮融资，并决定加速线下渠道的市场拓展，其首要策略则是夯实供应链与内部团队。

03 个性化体验感与开箱惊喜引爆传播策略

2019年《新京报》曾曝出过这样的新闻："一对夫妇四个月豪掷20万元购买盲盒。"盲盒成了一种新兴的网红产品,迅速风靡各大自媒体平台,一时间成了Z世代钟爱的精神寄托。

盲盒事实上很早就已在美国兴起,后在日本流行,2018年开始被中国新媒体市场重视,2019年开始爆发。2020年之后,很多人说盲盒已死,大家不要再跟风割韭菜了,而事实却是无论盲盒是否还在,但盲盒式营销、盲盒式传播已经成型。

总结盲盒的发展历程,无疑印证了当代自媒体平台优质产品的共性特点。颜值高,体验感强,惊喜感更加突出。

对于小众品牌而言,盲盒的发展历程可以被充分借鉴和学习。因为在新媒体的营销模式中,盲盒既是一种产品,又是一种媒介。大众痴迷盲盒的主要原因并非盲盒本身,而是对收集盲盒这一行为上瘾,这就是Z世代彰显个性、表达自我,满足兴趣、爱好的一种途径。

小众品牌之所以初始受众面小,恰恰是因为品牌体验趋向个性化,不为迎合大众口味,只追求彰显自身个性。当个性表达明确之后,便可以带给品牌用户个性化体验,之后产生裂变爆流效果。同时开箱的惊喜感也是当代主流小众品牌的传播策略,两者结合之后,产生的效果更加突出。

那么小众品牌的个性化体验和开箱惊喜应该如何营造呢?

1. 点燃用户期待

相比大众品牌而言，小众品牌的特点更明显，所以用户对小众品牌的期待更高。所以小众品牌必须点燃用户的期待，才能够达到提升用户个性化体验、提升品牌传播效果的目的。

例如，当下依然流行的 Molly 系列盲盒采用了造型独特而可爱的 IP 造型，同时结合隐藏款、限量款的宣传，提升了产品的新鲜感与内在价值，消费者在追求个性与惊喜的过程中，对 Molly 越发痴迷。

笔者通过对盲盒模式进行详细分析后了解到，点燃用户期待主要从以下三个方面入手。

（1）提升惊喜感，刺激用户欲望。对于 Z 世代而言，惊喜感代表吸引力。品牌为用户带来惊喜的同时，还能够大幅提升用户对品牌的忠诚度。

2020 年年初，Pop Mart 跨界与芬达联手开展了一次盲盒营销活动。Pop Mart 将包装箱与盲盒结合起来，再加入芬达准备的"惊喜"，产品一经上线马上被消费者疯抢。在这款芬达盲盒内，储藏的不是产品而是芬达的"奖券"，消费者可以通过这些"奖券"获得不同口味的 Molly 芬达罐，由于"奖品"太过诱人，所以活动效果非常突出。

虽然 Pop Mart 不属于小众品牌，但这种品牌带给用户个性体验感的方式值得小众品牌学习，同时这也是一种年轻人十分青睐的引流方式。

（2）营造适当的期待感。很多小众品牌在营销的过程中，都善于给消费者塑造期待感。比如通过限量销售、限时发售等方式，让消费者积极抢购，从而获得"抢到就是赚到"的感觉。不过这种方式只能适度使用，过于强调"饥饿营销"反而会挫伤消费者的积极性。

（3）超高颜值吸引年轻群体。超高颜值并非单纯指产品包装、设计的颜值纵向提升，也就可以是横向扩展，将个性、创意巧妙融入产品中。

2020 年国庆期间，一款敦煌莫高窟雪糕登上了各大搜索引擎热搜榜，这款与敦煌莫高窟相同造型的雪糕被称为 2020 年国庆期间最火的拍照道具，价格更是增长到

15元一支。就雪糕自身而言，并不突出，但它结合了时事热点，又独具创意，所以收获了无数粉丝。

2. 借助头部力量，放大情感认同

我们可以发现这样一个共性，当代大多数小众品牌、网红品牌虽然品牌小众，但代言人、宣传渠道都十分大牌。这种传播模式就是借助头部力量，放大情感认同的宣传方式。

2020年，欧阳娜娜在小红书上推荐了王饱饱麦片，一时间王饱饱成了大热产品。"欧阳娜娜同款早餐""欧阳娜娜亲荐网红零食"等噱头在各大自媒体平台被商家疯狂传播。

事实上，当时很多消费者对王饱饱缺乏全面的认知，但即便这一品牌充满了不确定性，粉丝们依然情绪高涨，因为这一品牌和偶像、明星联系到一起，使粉丝产生了情感上的认同，再小众的品牌也愿意为之买单。

3. 强化产品体验感，提升品牌力

目前在各大自媒体平台的带货直播间当中，主播带货都会进行一个相同的环节，这就是产品试用，同时将使用体验分享给粉丝。这就是通过强化产品体验感提升品牌力的过程。

前面笔者提到过，小众品牌重在"品质"，体验感正是小众品牌突出品质的主要渠道。尤其是对于有个性、有特点的小众品牌而言，体验感的塑造更加简单，效果也更加突出，只要把小众品牌的不同之处展示到位，就可以收到体验感强化的效果。

作为消费能力突出的Z世代，只要产品的体验感到位，品牌就会被认可。

04 如何借助头部力量抢占流量

新媒体时代到来之后，大家很难看出当下潮流品牌是否出身于小众品牌。这个时代赋予太多品牌优质的发展渠道，很多品牌发展速度远超大众想象。2018年之前，花西子还属于知名度不高的小众品牌，但就是这个当时鲜为人知的品牌，在抖音头部大V李佳琦的助力下，2019年在阿里巴巴上销售额超12亿元，赶超卡姿兰，成了国货美妆第二大品牌。

大家很难想象一年之内花西子的品牌产生了多么巨大的变化，但可以看到新媒体时代接触平台头部力量与垂直外脑，可以令品牌获得怎样的成长。

花西子是抖音平台塑造的知名品牌中的一个经典的案例，如今这种模式已经被无数人模仿复制。在此过程中品牌通过选择适合的主播，借助自媒体平台头部力量带动产品销售，同时实现品牌的年轻化塑造，为品牌赋能。

更重要的是在自媒体平台头部大V的带动下，中腰部KOL可以迅速使一个品牌在自媒体市场遍地开花，品牌的高价值定位由此被消费者认可，之后进入偶像代言、全网营销的环节当中。

这就是当代小众品牌借助平台头部力量崛起的主流方式。

很多人认为，花西子的崛起是借助新媒体时代发展的东风，趁势而为。2020年之后，各大自媒体平台头部资源价值体系已经成熟，价值倍增。

我们再回顾一下李佳琦带货花西子的过程。2019年花西子与李佳琦达成合作，并在"618"活动中完成了品牌的第一次质变；同年11月，花西子以"新兵"的身份加入"双11"的战场,开场1小时成交额破亿元,热销单品花西子散粉当日卖出70多万盒,正式成为品牌价值过亿元的国潮新品。

从花西子崛起的关键一年中,我们可以看出,借助头部力量"并不是选择贵的,而是选择对的",这种方式不仅指与平台头部大V合作,同样包含营销活动的选择。

那么,对于小众品牌而言,如何借助新媒体时代的头部力量呢?首先需要正确、全面地审视自己,之后根据自身特点选择适合的自媒体渠道。

1. 品牌文化促进产品销售

在花西子崛起的过程中,消费者可以明确地感受到其品牌文化的特点。

首先,花西子结合了中国传统的花颜文化,传承了中国女性传统的养颜智慧,并将其作为营销重点,明确了产品凝结花草植物和中草药的精华,并将现代彩妆工艺与养肤融会贯通,进而打造出东方传统养颜美妆的品牌文化。

其次,花西子的名字也独具东方韵味,这一名字源于苏轼的名句"欲把西湖比西子,淡妆浓抹总相宜"。有了悠久传承的基础,花西子品牌营销的方向与方式便得以明确,品牌理念也更容易被消费者认可。

当然,仅仅拥有品牌文化还不足以支持一个品牌的迅速崛起,只有全方位同步塑造才能引领品牌文化起到促进产品销售的作用。

对于小众品牌而言,品牌文化、品牌理念是吸引消费者的策略,而产品品质、产品特色才是收获消费者"芳心",令其转化为粉丝的关键。作为从小众品牌迅速成长为国内一线网红品牌的花西子,之所以可以高速成长并稳定发展,同样因为花西子的产品品质有保障。

以李佳琦带火的爆款产品雕花口红为例,雕花口红采用天然花瓣为原料制作而成,在美颜的同时具备无害、护唇的特点。另外,2019年"双11"销量突破70万盒的空气散粉是由珍珠、桃花、山茶花和蚕丝研磨而成,这种天然选材的产品安全性极高,为了印证产品的安全性特点,花西子还赞助了综艺节目《新生日记》,与孕期明星麦迪娜、李艾、陈燃等现场创造孕期"仙女妆",一举引发"以花养妆"

的美妆热潮。

相信很多人会疑惑，天然草本材料的美妆品牌并不少见，百雀羚、相宜本草都是大家耳熟能详的天然护肤品牌，为何这些品牌没能在自媒体平台高速崛起呢？不仅是因为这些品牌对新媒体时代头部力量的借助不足，更因为这些品牌的品牌文化、品牌理念塑造得不够全面，不够细致。

在以Z世代为主导的消费群体表现出的消费主张中，有一个关键主张，就是"对细节的挑剔"，相比百雀羚、相宜本草，花西子的品牌文化贯穿得更为彻底，就连雕花口红上的雕花都极具东方文化特色，同时在产品包装、产品命名上也融入了满满的中国风，自然可以在众多品牌中脱颖而出，给消费者留下深刻的印象。

另外，花西子的雕花口红是国内立体纹理口红的首创，有了创新元素，自然更容易被Z世代认可，获得Z世代的青睐。

目前，很多企业、商家在品牌塑造过程中可以做到如同花西子一般，将品牌文化、品牌理念深入产品细节中，且保持高度的风格一致。在品牌风格、品牌理念未能明确之前，品牌很难找到适合自己风格的平台头部大V。

2. 跟紧头部力量

试问，如果没有李佳琦，花西子是否同样可以获得成功呢？笔者认为，没有李佳琦或许花西子崛起的速度不会如此惊人，但其崛起的概率丝毫不会降低。

原因非常简单，因为花西子首先看中的不是李佳琦本人，而是新媒体时代各大自媒体平台的头部大V，它借助的不是某人的力量，而是整个时代的东风。

对于小众品牌而言，在发展过程中最忌孤芳自赏，如果一直无法找到合适的营销渠道，不妨借助新媒体时代的头部力量，与垂直度高和品牌契合度高的平台大V合作。

当代无数小众品牌发展的案例已经告诉我们，要想获得Z世代的认可，推动品牌年轻化，都离不开自媒体平台头部力量的帮助。

05 私域流量的打造与使用策略

随着5G时代的到来,线上娱乐与消费对中国消费者生活的渗入更加全面,如今自媒体经济已经成为我国经济发展的一支活跃力量。据相关数据统计,从2015年开始,我国实物商品线上销售额占社会消费品零售总额的比重持续增长,截至2019年10月,占比已经接近20%。

然而随着新媒体时代的发展,我国网民的增长速度却在趋缓,这标志着互联网用户将在不久的将来进入饱和状态,市场红利将进入收窄状态。据相关数据统计,2015年—2019年我国网民人数虽然保持持续增长,但增长率已经逐年降低。

在这种发展态势下,我们聚焦以Z世代为主的年轻群体,可以发现这样的特点,虽然互联网巨头们的流量进入白热化竞争状态,但当代消费群体的活跃度却在不停提升。2018—2019年,我国网民互联网使用时长虽然有所下降,但App下载数量却在不断增长。

种种迹象表明,自媒体市场未来的发展趋势必然伴随着更加激烈的竞争,公域流量的抢夺将更加残酷。那么在这种状态下,企业、商家如何定位市场发展的下一个增长点呢?

当然是私域流量的打造与运营。

从2019年开始,国内诸多品牌都开始搭建自己的私域流量池,这不仅是因为近年来流量红利消失,更是企业降低流量成本、提升品牌效应的选择。简单来说,未来市场流量成本将越来越高,与其投入大量成本引流,不如构建忠诚度高、商业属性突出的私有客户群。

由于小众品牌无法迎合大众诉求，更多地被用来表达个性主张，所以私域流量对于小众品牌更为重要，甚至成为品牌能否生存的决定性因素。那么新媒体时代私域流量的主要来源是哪里呢？公域流量平台。通过公域流量的转化，将粉丝沉淀到私域流量池，这就是品牌私域流量的主要来源，是商家塑造品牌过程中的必备措施。

笔者总结多个品牌年轻化的塑造经验，结合小众品牌打造策略，将私域流量池构建主流方式分为以下四个步骤。

1. 转变思维，定位基础流量

构建私域流量池首先需要将流量思维转变为留量思维，无论企业、商家目前在哪个自媒体平台进行运营，运营优质平台账号是抢占公域流量的重要方式，只有抢占了更多的公域流量，才会拥有更多私域流量获取的机会。

2. 及时引流

在公域流量获取的过程中，企业、商家一定要及时做好引流。例如，在直播带货过程中，及时引导忠实粉丝进入品牌社群当中。主动与粉丝产生联系，及时引导其与品牌产生连接，这些方法都是将公域流量引流到私域流量池的方法。

3. 塑造年轻化品牌

从公域流量到私域流量转化的过程中，品牌年轻化的态度非常重要。企业、商家通过人设IP，构建真实场景，这种方式可以将品牌塑造得更真实，与消费者的距离更近。但近距离不代表一定会被连接，相比其他类型的商业品牌而言，年轻化品牌更容易触动消费者，令其对品牌产生兴趣，并进一步产生关注。

4. 社群经营

获取私域流量之后，最关键的一步便是留存。私域流量留存的主要方式是社群经营。通过公域流量沉淀，粉丝进入私域流量的社群当中，在社群中粉丝的需求能否被满足，或者社群能否表现出应有的价值，都是粉丝能否留存的关键。

社群运营是一项系统性工作，为了让社群粉丝长久存留，同时提升私域流量池的吸引力，企业、商家需要从用户管理、内容输出、社群构建、社群分类以及社群福利五个方面来运营。

（1）用户管理。用户管理的重点是根据社群粉丝画像进行分析，通过粉丝数据对粉丝进行日常管理及精准营销。用户管理的重点分为两个方面，用户商业属性提纯、用户活跃度提升。

商业属性提纯是指在社群运营下明确粉丝的需求，从中挖掘商业价值，之后进行匹配式社群营销；活跃度提升则是指增强粉丝的日常互动性，确保社群保持活跃气氛，进而提升社群整体活性。

（2）内容输出。社群应定期分享相关知识，并输出一些对粉丝有实质帮助的信息，或通过一些话题引导粉丝进行交流。

例如，美妆社群可以定期为粉丝分享一些养颜技巧，并对潮流美妆进行探讨。

（3）社群构建。随着私域流量的不断增加，社群的基础构架需要随之完善。例如，在社群搭建初期只需要一个群主、一个管理员便可以完成社群的日常维护。随着粉丝的不断增多，为及时满足更多粉丝的需求，社群还需要配备客服人员、售后人员、技术人员等。

（4）社群分类。企业、商家可以及时对社群成员进行分类，并将优质客户升级到会员社群中。社群分类是提升粉丝社群体验感、深度挖掘商业价值的主要方式。

（5）社群福利。对于大多数商业社群而言，私域流量留存的关键便是社群福利的设置。尤其对于小众品牌而言，社群福利是提升产品转化率、促进社群裂变的主要动力，因此要尤为重视。

之所以说私域流量的打造和运营是小众品牌乃至市场中大多数品牌未来发展的重点，可以从以下三个方面来印证。

1. 降低品牌推广成本

拥有私域流量之后，忠诚度高的粉丝会主动帮品牌进行宣传，这些宣传渠道对于商家而言无任何投入，可以大幅度节省宣传成本。

2. 拓宽推广渠道

企业、商家拥有了私域流量池之后，便可以衍生出更多的品牌宣传渠道，且这些渠道对消费者的触达更便捷、更高效。

3. 减少市场竞争

在传统商业向新媒体商业发展的过程中，商业模式产生了一种重要变革：传统商业是将同一款产品努力卖给 100 位客户，而新媒体商业则是将 100 款商品努力卖给同一个客户。将两者进行简单对比就可以发现，后者获取一位客户产生的商业价值是前者的 100 倍，而这种转变完全可以在企业、商家的私域流量池中实现。

小众品牌的流量引爆离不开品牌属性、品牌特色的延展，私域流量是小众品牌的主要市场资源，企业、商家要加倍重视。只有在公域流量中沉淀私域资源，在私域流量中拓展公域渠道，小众品牌的发展才能提速、提质。

06 种草营销

2019年，成都一家洗车行的店主从媒体平台学习到一种"免费引流"的营销模式，推出"办699元的会员卡全年免费洗车，且一年内只要洗车超过68次，会员费全额退款"的活动。

这种营销活动借鉴了当时流行的"免费购物，背后引流"的营销模式。洗车行店主通过以往的经营经验分析出，正常情况下车主每年洗车次数不会超过30次，很少有人有太多时间增加洗车次数，即使有些会员为了退还699元会费，洗车引流背后还会产生保养、零件更换等费用，综合计算下来这项活动不会亏损，更重要的是洗车行的品牌可以得到有效宣传。

但事实上，这位店主忽视了一个重要问题，那就是洗车属于服务行业，流量增加的同时服务的强度倍增，且服务行业重在口碑，一旦口碑出现问题，品牌将遭受重大伤害，而避免口碑受到影响的主要方式则是提高服务质量。

这项活动推出后，洗车行卖出了150多张会员卡，收入10多万元。但后果则是洗车业务翻了几番，月洗车量达到了近2000台，洗车工工资以及其他洗车成本翻倍增长。

更重要的是大多数来洗车的人目的非常单纯，只为洗车，从洗车到其他服务的转化率从原来的30%降低到不足10%。硬撑几个月之后，每月高额亏损的状态令店主不得不中止服务，并以22万元转让了店铺。

"免费引流"的确是当下流行的营销模式，这种模式在线上教育行业、健身行业非常常见,但并非所有企业都可以从中获利。尤其对于渴望塑造品牌的企业、商家而言,边际成本、二次销售都是营销模式选择过程中需要重点思考的问题。

在新媒体时代,小众品牌在发展过程中需要借力 KOL 种草营销,哪些种草营销方式才能够促进品牌高速成长呢?

种草要懂得以小博大,营销要在社交舆论中掀起阵阵波澜,当种草营销使销量与声量同比增长时,才代表企业的种草营销策略选择正确了。笔者总结了当下各种流行的种草营销策略后分析出,企业、商家的种草营销需要做好以下三点。

1. 以社交为基础,促进 UGC 的增加

新媒体时代的种草营销之所以被更多的品牌青睐,主要是因为在这些营销渠道中品牌与消费者产生的实时互动率高,以及二次传播范围广。这就使 UGC 互动量成了营销渠道中的重要内容,因为 UGC 是实现品牌在消费群体中传播的重要基础。

那么,什么样的种草营销能够促进 UGC 的增加呢?首先,品牌文化要塑造到位,最好呈现出有故事的品牌形象。因为有人设、有性格的品牌才能够激发消费者的分享欲望。在这一过程中,企业、商家就需要根据自身品牌匹配合适的 KOL,KOL 可以通过讲故事来塑造营销场景,在这种状态下才能引起消费者共鸣,并激发消费者的创作欲及分享欲。

其次,种草营销一定要保持多平台全面覆盖式的传播,因为多触点触达才能够深度激发消费者的 UGC 及评论欲望。

例如,我们在刷抖音时看到一条种草视频,最初可能不会有观看和评论的欲望,但如果我们同时在快手、视频号,甚至朋友圈中都看到这条种草视频,则会激发好奇心,进而产生评论和转发的欲望。

最后,种草营销一定要选择人格化突出的 KOL,且符合品牌性格,只有品牌与 KOL 紧密结合才能最大化地发挥 KOL 的作用,品牌触达消费者的路径才会大幅缩短。

2. 大幅度提升品牌曝光率

在种草营销过程中，KOL决定着品牌的曝光效果。如果企业、商家只把KOL当作营销媒介，那么品牌的传播只能在消费者群体中产生，事实上在KOL种草阶段更需要认真打造，借助KOL产生更多的曝光。

首先，如果品牌已经有一定的粉丝基础，那么可以选择品牌与优质内容结合的方式吸引更多相关领域的KOL主动传播，因为KOL关注的不是品牌的大小，而是传播内容的优质性，只要内容优质性可以达到要求，那么KOL自然愿意主动帮品牌进行传播。

其次，对于小众品牌而言，种草营销不能单纯依靠KOL，因为KOL的最大作用是将原有品牌效果放大，而并非系统地打造品牌。在KOL种草营销之前，小众品牌首先需要在各个渠道开展基础营销，当品牌有了基础热度后，KOL才容易引爆营销效果。因此小众品牌需要在日常运营中，在各个社交平台积累声量，然后通过KOL种草营销实现突破。

很多人看到了品牌年轻化过程中KOL种草营销的价值，却没有看到品牌自身做的日常积累，而真实情况则是小众品牌厚积薄发，遇到瓶颈时寻找KOL种草营销，最终实现突破。

3. 种草营销是渠道，品效结合是目的

小众品牌引爆流量的落地渠道中，种草营销的确是一种聪明的选择，但选择对渠道不等于获得成功，因为声量与销量的同步增长需要进行细致的运营，渠道只是为企业、商家提供通路，输出内容更为关键。

首先，种草营销图文结构需要不断优化。小众品牌的品质不仅体现在视频的画面当中，种草文案更是必要的辅助，良好的种草文案不仅可以提升种草视频的吸引力，还能够放大品牌特点，获得声量的增长。

种草文案包括三个必备要素，如图6-1所示。

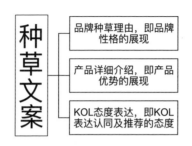

图 6-1 种草文案的三个必备要素

只有声情并茂、文案贴切的种草视频才会对消费者产生深刻影响。

其次,种草营销需要注重评论区的引导。作为种草互动的主要基地,评论区是企业、商家塑造品牌形象的重要阵地。正常情况下,KOL 的种草视频都会引发评论,而评论区的内容是消费者评定品牌优劣的主要依据,所以要合理运营评论区。

以上对种草营销的三个关键点进行了详细讲解,下面我们再来详细讲解一下种草营销的几种方式。

1. 情感营销

情感营销是种草营销中最常见的类型。

例如,2019 年 5 月,一款名为"共享爸爸"的小程序火爆年轻父母的圈层,面对当下"丧偶式育儿"的典型问题,这款小程序很好地讲述了如何做一名合格的父亲,并唤起大众对父亲参与育儿的意识,强调了爱家的正确理念。

这款小程序当时也在各大自媒体平台上广泛传播,引发的情感共鸣不计其数,下载量非常高。

2. 口碑营销

口碑营销是品牌裂变传播的主要方式,尤其对于小众品牌而言,口碑营销可以加速品牌的成长。

例如,2020 年 6 月,北京一家 DIY 蛋糕店推出了一项"每天免费为 3 名小朋友提供DIY蛋糕制作机会"的活动，活动推出后店铺流量倍增。因为小朋友的家长会在微信朋友圈晒出自己孩子DIY的蛋糕，引发大量好评，一时间这家店铺吸引了大量用户。

粉丝口口相传营销的速度虽然相对较慢，但效果却远超品牌官方营销，这就是口碑营销的价值。

3. 体验式营销

前面笔者就提过，体验感是Z世代消费过程中非常关注的要点，体验感越好营销效果越好。

例如，2019年成都一家高档茶楼推出了一项"晚辈为长辈斟茶"的活动，并准备了专业的1米长壶嘴的茶壶，将中国传统美德与茶艺相结合，引流效果非常好。

体验式营销对于消费者而言，消费的不仅是产品，更是过程，是情怀，是愉悦的心情，在这种方式下，品牌的传播效果才能倍增，企业、商家的利益才能最大化。

4. 植入营销

在小众品牌崛起的过程中，植入营销对于品牌声量的增加非常关键。将品牌巧妙地植入电影、电视剧当中，产生的宣传效果非常明显，对于一些热播剧而言，效果丝毫不亚于明星代言。

5. 痛点营销

自互联网时代初期，痛点营销就成了网络营销的主要方式，尽管现在已到了新媒体时代，但这种接地气的营销方式依然不过时。

以上便是种草营销的几种类型，企业、商家需要结合自身品牌的发展现状，选择适合的方式，进而提升营销效果。

07 对标全世界，重塑经典策略

2020年9月，百度热搜中出现了这样一条新闻："一男子欲打包10坛免费泡菜被拒后砸店"，一时间引发了无数网友热议。有网友认为"打包不成可以投诉，砸店行为实属不该"，也有网友认为"店家承诺的免费泡菜只限在店内食用，你可以吃掉，却不能打包带走"，无论这件事最终舆论导向如何，这家店铺采用的"免费引流"模式却值得大家深思。

目前流行的"免费（低价）引流"营销模式是否真的可行呢？这些流行的营销模式究竟从何而来呢？

事实上，商业发展的历程中虽然淘汰了诸多经典营销模式，但这些经典模式从未被抛弃，只是在新时代被重塑了而已。

当下流行的"免费（低价）引流"模式的确符合时代特色，可在10年前的实体市场当中，这种模式就已经出现，且获得了巨大成功。

日本东京有一家银座绅士西装店，这家西装店开创了"免费（低价）引流"模式。当时这家西装店推出了一项"连续打折"活动，从活动开展时计算，第一天打9折，第二天打8折，第三天和第四天打7折，第五天和第六天打6折，第七天和第八天打5折，第九天和第十天打4折，第十一天和第十二天打3折，第十三天和第十四天打2折，最后两天打1折。

看到这项活动之后大家想到的是什么呢？活动前几天肯定不会有人心动，但活动最后两天店铺必然爆满。可事实是怎样的呢？

活动开展前两天的确无人问津，但到第三天时，西装店的客流量就开始倍增，第四天西装店就进入了爆流的状态。因为很多消费者认为 7 折已经是可以接受的优惠幅度了，如果再不下手，喜欢的商品缺货了怎么办？

这项活动推出后，银座绅士西装店根本没有等到活动最后两天，而是第七天时商品就基本被抢购一空。很多人会问，虽然活动达到了爆流效果，但商品毕竟打折幅度不小，这种活动究竟有没有盈利空间呢？大家需要关注的是这次活动中，银座绅士西装店销售的不仅仅是热销商品，很多滞销产品都被清仓，这样算来这项活动不仅有盈利，而且盈利幅度很大，更不用说这项活动获得的品牌宣传价值了。

现在我们再来看当下流行的"免费（低价）引流"营销模式，两者之间是否有异曲同工之妙呢？只不过新媒体时代是流量时代，引流带来的商业价值远超传统实体商业时代，这就是不放弃经典、重塑经典的真实案例。

下面笔者再为大家分享一些传统商业时代经典的营销案例，大家可以思考一下当代主流营销模式中有没有这些经典案例的影子。

1. 饥饿营销的"一批货"

20 世纪 80 年代，意大利的一个菜市场中出现了这样一家店铺。这家店铺专售新品，很多新型农产品会在这家店铺率先出现。大众当然愿意尝试新品，于是纷纷到这家店铺购买新型农产品。很快这家店铺的新型农产品就销售一空，于是顾客们就要求店家再次进货，结果得到的回答却是，非常抱歉，本店只卖首批产品，卖完为止，不再进货。

当然有很多顾客失望，更有很多顾客不理解，但店家却没有给出任何解释。不过自此之后，这家店铺只要新品到货，顾客就会毫不犹豫地抢购。因为"一批货"的方式为顾客留下深刻的印象，并且营造了下手晚就抢不到的危机感。

对比现在很多商家新品无人问津的局面，这个经典的营销案例对大家有没有启发呢？

2. "低价引流"+"匹配销售"的创意药局

日本的创意药局由日本松户市原市长松本清创立。创意药局带给大家的经典营销模式就是经典的"低价引流"+"匹配销售"模式。

当时其他店铺售价 200 元的膏药，在创意药局 80 元就可以买到。由于这一价格实在太诱人，所以创意药局的生意每天都异常火爆。那么创意药局是如何实现盈利的呢？

原来，松本清早已看出了流量的价值。因为这款膏药搭配其他药品取得的治疗效果才能更好，所以来创意药局买膏药的顾客都会购买一些其他产品，这些产品的利润不仅可以弥补膏药的亏损，还可以带来巨大的盈利。同时这种"低价（免费）"的模式还大大提高了创意药局的知名度，可以说是品效双升。

在当代"免费（低价）引流"模式之前，事实上还有一种经典的模式借鉴了创意药局的案例，这就是吉列剃须刀的"低价刀架+高价刀片"的模式，虽然这种模式偏重于绑定消费，但"低价刀架"带来的持续引流效果却非常可观。

3. "引发好奇"的 7 岁服装店

早在 20 世纪，意大利就出现了"会员制"服装店。不过这家店铺不要求会员身份，而要求年龄。这家由意大利人菲尔·劳伦开设的服装店是一家 7 岁儿童专属服装店，店内所有商品均为 7 岁左右的儿童服装。

这家服装店规定，进入这家商店的顾客必须是 7 岁儿童，成年人谢绝单独入内，而且这家服装店对当地官员也未行方便。

在那个信息传播不方便的年代，这家儿童服装店吸引了大量顾客的关注，很多 7 岁孩子的家长感觉，似乎拥有了这家店的"会员"，不享受这种权利就吃亏了。同时其他顾客也对这家店铺产生了强烈的好奇感，甚至带身边其他家庭的 7 岁孩子进店选购。

在这种状态下，菲尔·劳伦的 7 岁服装店生意越发火爆，不久后菲尔·劳伦又开设了 20 多家类似的店铺。其中包括新婚青年商店、老年人商店、孕妇商店、妇女商店等，这种限制顾客的规定不断吸引更多顾客，而这一模式也成了经典。

4. 最早的"会员制"商店

在美国经济萧条期，一位名叫卡尔的美国人开设了一家便利店，小店的生意非常冷清。为了维持生计，卡尔推出了一项"1元商品"的活动，顾客可以花1美元随意挑选店里的一件商品。这项活动为卡尔的小店招揽了大量忠实客户。不久后，卡尔将小店转行为绸布店，开始了自己的第二次营销活动：在该店购买10元以上的商品可获赠店铺白券一张，5张白券可以兑换一张蓝券，5张蓝券可以换取该店任意一件商品。

在这种模式下，卡尔的绸布店拥有了大量的长期客户。

在这里大家需要注意一点，为何卡尔的第二次营销活动不选择用25张白券换取本店任意一件商品的策略？因为25这个数字对于顾客而言太大了，营销活动的吸引力以及顾客的黏性将大大降低。而5张兑换一次的方法，可以确保顾客长期留存，同时保持较高的忠诚度。

08 玩跨界，丰富细节策略

随着Z世代成为当代消费群体的主力军，消费格局也发生了重大变革。年轻人注重生活品质的提升，乐于为生活增添新颖、多元的元素而对于品牌而言，尤其对于小众品牌而言，这种消费格局的变革就要求自己不断推出新品，不断增强Z世代的消费体验。其中，最常用同时也是最有效的方式便是跨界组合，用丰富的元素、丰富的细节策略实现流量暴增。

2019年，80后、90后记忆中的老牌奶糖大白兔跨界香氛品牌气味图书馆，合作推出了概念性的"大白兔奶糖"香氛系列产品，并迅速登上微博热搜榜单。产品一经开售，十分钟就售出14000多份，其中限量版的610份香氛礼包更是在3秒内被抢购一空。

2019年，是气味图书馆成立十周年，同时也是大白兔奶糖诞生六十周年。借此契机气味图书馆和大白兔进行了一次跨界合作，在香氛领域诠释了经典气味，在带给消费者纯真美好记忆的同时，也提升了消费者对经典品牌的认知。

在这次活动中，气味图书馆通过与大白兔合作提升了品牌文化与品牌内涵，而大白兔奶糖则实现了品牌年轻化。事实上，在大白兔奶糖选择和气味图书馆合作之前就尝试过跨领域创新，以大白兔奶糖的气味为特色，推出了一款润唇膏，目的是使品牌触达更多Z世代的内心。当时"涂了这款唇膏，你的双唇就是奶糖"的广告语令很多年轻人心动。

值得大家关注的是，大白兔奶糖与气味图书馆的跨界引发了连锁反应，《NYLON

《尼龙》杂志也参与其中，举办了以"来点孩子气"为主题的午餐会，邀请了袁姗姗、张雪迎、颖儿、袁娅维、周洁琼等十余位明星名人参与，现场展示了此次跨界活动推出的各种香氛产品。

这场跨界活动在 2019 年六一儿童节前开展，活动非常成功，不仅带动了腾格尔、毛毛姐、阿纯等一众明星网红参与，更将"来点孩子气"抖音线上挑战赛活动的曝光量提升到 10.6 亿次。

"跨界"作为已经流行多年的商业名词如今再次进入大众视野。这并不代表商业发展的滞后或者倒退，而代表现代年轻消费群体需要更多融合的新颖元素。跨界、创新已经成为品牌年轻化的主要表现。2018 年，气味图书馆因一款"凉白开"系列香氛火爆一时，这款略带金属感的水润香氛唤起了很多年轻人童年时的美好回忆，也为其确立了"中国香氛的真正机会，一定属于本土化品牌"的发展理念。果然在一年后气味图书馆又选择了有情怀、有情感的经典品牌大白兔作为跨界合作伙伴。对于年轻品牌而言，保持品牌年轻化的方式并非单纯出新，也可以选择打破常规思维，和老牌合作。

2019 年，除气味图书馆与大白兔奶糖之外，国民品牌六神花露水和英雄钢笔先后与锐澳 RIO 鸡尾酒展开了合作，花露水风味鸡尾酒和墨水鸡尾酒也刷新了年轻人对鸡尾酒产品的认知。

大胆跨界、融合创新背后的确是更多的挑战，但对于 Z 世代而言，这些新颖元素属于生活乐趣，或者说是全新体验，对这些商业元素有更高的消费冲动。

我们一直强调品牌年轻化在新媒体时代的重要性，那么品牌年轻化会给传统品牌带来哪些价值呢？

品牌年轻化能解决品牌自身消费群体断层的问题。

当传统品牌的人设、IP 优势不足时，为迎合当代潮流趋势，选择有"冲突性"的跨界结合非常有效，同时还可以塑造品牌的潮流感和年轻态，吸引更多年轻圈层，增强年轻群体对自身品牌的认可度与忠诚度。

笔者总结了多诸多跨界营销的案例，发现取得成果最多的不是跨越行业的合作，而是跨越 Z 世代认知，巅峰年轻人常规思维的无边际结合。

下面是 2019—2020 年十大经典跨界合作营销。

① 2019 年，故宫联手网易游戏，推出青山绿水佛系手游——《绘真·妙笔千山》；

② 2019 年，MAC 联手王者荣耀，推出五款限量版子弹头唇膏；

③ 2019 年，奥利奥联手《权力的游戏》，推出奥利奥版片头视频；

④ 2019 年，可口可乐联手安踏，推出"可乐鞋"；

⑤ 2019 年，《人民日报》新媒体联手奈雪的茶，推出"报款"红石榴＋"定制保温杯"搭售套装；

⑥ 2019 年，网易云音乐联手三枪，推出具体囊括男士四角内裤、女士三角内裤、长袜、短袜及船袜等系列；

⑦ 2019 年，脑白金联手熊猫商店，推出服装、帽子、包饰等产品；

⑧ 2020 年，999 感冒灵联手拉面说，推出了"暖心鸡汤面礼盒"；

⑨ 2020 年，海澜之家联手暴雪游戏，推出联名卫衣；

⑩ 2020 年，花西子联手三泽梦，推出联名汉服。

在追求立体化营销的今天，跨界营销代表的不仅仅是商业思维的变革，更是品牌发展的策略。跨越行业、地域、认知的合作模式，可以将传统行业发展数十年的品牌进行年轻化运作，为品牌成长、品牌传承开辟全新的路径，定位更多的消费群体。

案例拆解：花西子是如何成为时尚彩妆品牌的

在 Z 世代的带动下，消费品领域正发生着品牌文化的革新。曾几何时，品牌只要加上"进口""美式""日式"等词汇，都能变得与众不同。而如今，"国潮""东方"和"中国"成为新的营销魔法。

以花西子为例，短短三年时间内，这个品牌就在年轻客户的心中打上了"中国时尚彩妆品牌"的烙印，实现迅猛增长。

彩妆行业早已是红海，花西子又是如何从默默无闻到占据国潮品牌头部，拥有数量超过 400 万互联网支持者的呢？

讲好故事，创好品牌

花西子的与众不同，在于其具备了完整的品牌故事。近年来，市面上被关注、讨论甚至一度热销的国潮化妆品品牌并不少，花西子之所以能在客户心目中形成独特印象，在于其拥有完整的好故事，以此支持了独立的品牌形象。相比之下，其他品牌所创造的故事更像是一个章节，或者几个段落。

花西子的品牌故事内容，来自传统文化的审美符号"花""西子"。其中，"花"是古代化妆品的重要原料来源，所谓"以花养妆"，而"西子"则取自苏东坡的诗句"欲把西湖比西子，淡妆浓抹总相宜"。该品牌的故事调性由此确定，即希望客户都如西施般美丽动人。

花西子的 Logo 设计灵感也源自中国文化，以花朵与古典江南园林的"轩窗"融合为形，中间则是与"太极鱼"相同的二元旋转对称结构。该 Logo 沿用品牌主色调之一的"黛色"，也是现有产品外观中使用最多的颜色。

在代言人的选择上，花西子独具匠心。该品牌先后选择的两位代言人都非常符合品牌的定位，无论是在品牌发展上升期选择的鞠婧祎，还是首战"双 11"破亿元之后签约的杜鹃，都担得起"东方美人"之称。她们柔美古典的外形，与花西子一直秉持的中国风与东方文化的主基调品牌形象完美融合。

2019年，鞠婧祎饰演了《新白娘子传奇》中白素贞一角，以导师身份参加了综艺活动《国风美少年》，鞠婧祎"古风美女"的形象再次为花西子品牌的古风风格进行了背书。

杜鹃自身由内而外散发着古典雅致的清冷气息，一颦一笑颇显东方韵味，也是花西子推广的不二人选。代言人所体现的特质，与花西子的"东方""天然""雅致"完美契合，相得益彰。

在品牌故事的构建中，花西子从品牌到产品，从营销到服务，都一一融入了"东方美学"的基因，在所有能够向客户提供品牌感知的触点上，都营造出统一调性和独有特点。

抓住垂直圈层

品牌年轻化的成功，必然有品牌所对应的垂直客户圈层作为支撑。先找准最具潜力的圈层，然后洞察和分析他们的需要，品牌才能获得优势，然后将其转化为支持者。

95后、00后拥有强烈的民族文化自信，将国潮、国风看作比肩国际文化浪潮的生活方式，甚至是个人的自信表达。Z世代相比前几代人更热衷于"国潮"。以2019年1~7月天猫平台"国潮"关键词搜索量为例，相比2018年同期增长了近400%，其中过半数为95后和00后。花西子基于这样的洞察，确定"国潮"的支持圈层，正是富有消费潜力的Z世代。

发现垂直圈层只是第一步，花西子从2017年成立之初，就以"东方彩妆"为品牌定位，针对东方女性的肤质特点与妆容需求，以花卉精华及中草药提取物为核心成分，结合现代彩妆研发制造工艺与技术，打造出适合东方女性使用的国潮彩妆产品。

这一品牌定位很好地跳出了所谓"与国际大牌保持一致"的固有品牌思路，开辟出"东方美学"的新彩妆赛道。例如，雕花口红展现出传统微雕艺术的神奇特点，在方寸大小的口红上，展现出祖国锦绣山河的恢宏壮丽。

为吸引精准的垂直客户，花西子积极利用产品和营销活动输出品牌文化。

花西子的每款产品都展现着其"以花养妆"和"国风"的文化基因。例如，花西子的明星产品雕花口红是用上乘的花瓣为原料制作而成，可以在上妆的同时养护嘴唇。眉笔采用了螺子黛眉料和何首乌精华，而其在 2019 年"双十一"销量突破 70 万盒的空气散粉是由珍珠、桃花、山茶花和蚕丝研磨而成。气垫采用了"秘方玉容散"，辅以白睡莲、芍药、山茶花，产品收获好评不断。除此之外，花西子的产品安全性极高，可以让孕期的女性放心使用。为宣传产品安全无害的优势，花西子还在真人秀《新生日记》中，携手明星孕期准妈妈麦迪娜、李艾、陈燃、马剑越等打造孕期"仙女妆"，此举使得"以花养妆"的品牌理念深入人心。

营销上，花西子更是尽情输出其品牌文化，以国风、古风为基调，不断进行跨界联合，为品牌整体价值加分。

例如，花西子携手《剑网 3》特别推出"比翼相思"七夕定制雕花口红，将东方古典美学与现代时尚之美巧妙融合起来。

2020 年 6 月 29 日，品牌推出了由方文山作词、陈致逸作曲、周深演唱、于连军用埙演奏的主题曲《花西子》，歌词描绘了江南西湖之畔，医药世家后人"花西子"的故事，她精通琴棋书画，医术卓绝，时常为百姓义诊治病。因为爱美，又懂药理，闲暇之余也会采集百花草药，制成胭脂水粉……

在白酒领域，"花西子"与泸州老窖"桃花醉"联合推出国风联名定制礼盒。这款礼盒由花西子"玉女桃花轻蜜粉""泸州老窖桃花醉"和花西子限量定制"花西子双面美人镜"组成。礼盒有满满的国风元素，极具现代东方美学韵味，给人以赏心悦目的视觉感受。

在服装领域，花西子和三泽梦、杨露合作联名款汉服，将汉服原有的古典、时尚气质中融入花西子独特的品牌元素。

除了上述基于产品内容本身的跨界联合，花西子又通过跨 KOL 圈层传播，重点渗透影视文娱、国风音乐、美容美妆、时尚潮流等领域，并向国风服饰、文创、二次元、社科人文等泛国风圈层扩散。

凭借这些，花西子走出了与其他国产美妆品牌并不相同的道路。他们以价值观、生活方式为标准，营造出品牌的独特定位，抓住目标消费圈层。他们的每一次营销动作，都是在告诉客户"我是谁"。

花西子以差异化吸引目标客户，为众多国产品牌带来了启示。品牌应该努力寻求产品定位、渠道和服务的不同，避免和国际传统品牌巨头直接竞争，而是寻找其中的空白地带，为自身品牌成长寻找支持力量。

构建爆品体系，打造极致性价比

拥有了精准支持者，品牌还必须制定具体的营销策略。花西子的持续热销，很大程度上依靠对爆款单品的系列化布局。

首先，花西子擅长推出爆款单品，触发品类的整体爆发力。

2019年，花西子雕花口红进入市场，经过李佳琦的推荐之后，一时爆红。这款产品将微雕工艺搬到了口红膏体上，细致的微雕花纹配上绝美中国风，帮助花西子创造了销售奇迹。

同年，花西子爆火的产品还有百鸟朝凤眼影。随后，花西子的东方妆奁和散粉也相继走红，甚至脱销。至此，花西子爆品体系逐渐形成。

其次，直击年轻消费者的痛点，打造高性价比产品。

花西子的产品具备"便宜"的特性。即便是雕工细腻的爆款雕花口红，也只卖上百元。如此高颜值的产品，只需要花100多元，很容易俘获年轻客户的心。而当他们获得初次体验后，还会因为性价比高而产生回购冲动。花西子同样注重这一点，多次推出过类似"万人体验计划"的活动，只要购买过或者使用过花西子产品的消费者，都可以通过这个活动体验花西子的新品。

在社交媒介集中发力

除了拥有精准目标圈层和爆品，但品牌还需要有自己的阵地。花西子和其他许多成功的年轻化品牌一样，将目标放在了移动互联网社交媒介上。

首先，品牌占领了直播红利，打造出KOL投放矩阵体系。

2019年"双十一",花西子产品出现在李佳琦的直播间中,是直播中出现最多的品牌之一,李佳琦个人拍的第一支广告也是花西子口红的。

正是在这位头部KOL的推荐下,花西子散粉和雕花口红逐渐成为爆款。花西子借助淘宝直播和李佳琦本人的流量红利实现了品牌大爆发,通过短短半年就跻身国产美妆品牌头部阵营。

当然,在投放账号的选择上,花西子并未局限于李佳琦这样的知名KOL,而是选择明星、头部达人、腰部达人、初级达人,甚至还有素人合作。表面上看渠道似乎在分散,但从目标用户维度来看,其实是更加聚焦了。

在整个营销链路中,花西子的头部KOL占比不是很高,他们主要负责话题造势,增加曝光量,而那些中腰部甚至素人博主,主要负责下沉到真实消费用户中去,增强用户对产品的信任,最终影响用户的消费决策。通过这种矩阵化的营销打法和多维度的推广,花西子达到了品宣和带货的目的,其粉丝在数量、质量、分类上远超其他品牌。

其次,自上而下打造私域流量,做到精细化用户运营。

花西子通过公域流量(抖音、快手、小红书等)获取新用户和成交,然后利用私域流量(微信生态)的运营提升用户的生命周期价值。

例如,花西子在微信中推出体验官小程序,在天猫旗舰店首页底部以及店铺会员界面也均设有"体验官"入口,让品牌在这个"口碑为王"的社媒时代,能尽快建立起高信任度的用户关系。

通过小红书等平台"种草",将目标客户引导到天猫旗舰店转化,再利用微信个人号及社群保持与用户的联系,并通过社群运营来抢占用户心智并持续转化。这样,客户与品牌之间就形成了循环关系,运营也就变得水到渠成。

以花西子为代表的"中国风"品牌正在不断积极探索,传统的东方文化必将以前所未有的姿态大步走进新的商业零售时代。而积极对传统文化加以继承和发扬的做法,实际上也成了年轻化品牌打造的重要方法之一。

案例拆解：新品牌，年轻化，解析自嗨锅爆发的秘诀

如果有人问，2020年人气最高的方便食品是什么？相信大家第一时间想到不是××品牌方便面，而是自嗨锅。毕竟半年销额6亿元，促销活动中10分钟销量超5000万元的成绩不是谁都可以取得的。

"自嗨锅，自嗨锅，一个人就吃自嗨锅"，这首有魔力又有记忆感的营销歌曲如今依然流行，甚至热播剧中都可以看到自嗨锅的身影。成立刚刚三年的年轻品牌，急速爆红全网。

所谓自嗨锅，其实只是一种自热食品，无须开火、用电，加入冷水就可以自己煮熟的速食火锅。就是这种看似简单的方便食品，如今深受年轻群体喜爱，并获得了华映资本等知名投资机构的投资。

如今，我国一二三线城市的生活节奏不断加快，据CBNData《20大新消费奇观》显示，2019年无数年轻人被"996工作制""夸夸群""品如的衣柜"等热议话题所影响，在大众眼中这些网络流行语仅仅是生活娱乐的话题，但对于商家、企业而言，这些新兴名词就成了品牌切入当代年轻群体生活的入口。

例如，"996工作制"成为当代一二线城市部分行业的常态，而这种状态下表现出的群体特性为"宅和独居"，瞄准这种特性自嗨锅就找到了用户需求的生活痛点，从而挖掘出这一群体的消费潜力，自嗨锅的发展随之进入快车道。

当然，一个品牌的高速崛起之路并不会仅仅依靠定位客户需求这么简单，下面我们就来分析下当代网红速食自嗨锅是如何实现品牌爆发的。

在你触碰行业痛点时，我已揪住了行业痛点

2020年"双十一"活动开始21分钟后，自嗨锅天猫旗舰店销售额突破1亿元，成了全平台首个销售额破亿元的方便速食类产品，它之所以能取得这样的成绩，是因为它已经逐渐从客户群体的爱好变为客户群体的刚需。

我们常说，触碰行业痛点的品牌，一定可以提升产品销量，但自嗨锅的目标不

是触碰行业痛点，而是揪住行业痛点，让痛点更痛。

为了达到这一目的，自嗨锅创始人蔡红亮做出了诸多努力。

中国速食食品市场表现出的"劣币驱逐良币"的特点已经持续了好多年，但目前客户群体依然没有进入饱和的状态，这表明这一市场的潜力依然巨大。在多数小工厂、小作坊抢占中国速食市场的今天，蔡红亮深知如果自嗨锅以低价模式进入市场将会完全失去品牌优势，因为很难想象这些小型生产单位可以把价格压到多低。

所以蔡红亮感觉价格只是行业的表面痛点，想要突破困局就一定要挖到客户群体更深处的痛点。通过充分的市场调查蔡红亮发现，当代年轻人虽然对速食食品需求量大，但满意度并不高，并且对当下速食食品行业的乱象比较厌恶。

例如，受访的大部分年轻人表示大品牌速食食品的味道缺乏创新，小品牌的速食食品质量缺乏保障，所以大多数年轻人对速食食品是被动接受，而并非主动选择。

蔡红亮明白，自嗨锅想要成功就必须让年轻群体重新对速食食品产生兴趣。虽然身为70后，但因为拥有创立电商品牌"百草味"的成功经验，所以蔡红亮具有非常前卫的网络思维。在自嗨锅的营销过程中，蔡红亮轻车熟路。

"来自太空的锅""人到中年不得已，火锅底料泡枸杞"等营销语句不仅网感十足，而且直达人心。为了让自嗨锅更具年轻气息，蔡红亮还选择了深受年轻人喜爱的哈士奇狗的形象作为自嗨锅的Logo，并邀请林更新等明星代言，同时投资了十几部当红网剧。这种网红式的营销策略迅速触达更多年轻群体，让更多年轻人认识了这款新型速食食品。

当然，自嗨锅的成功不仅仅是因为蔡红亮的营销思维，在年轻化的营销渠道中，支撑自嗨锅成功的还有产品的高品质。为了打造自嗨锅的独特味道，蔡红亮一年中尝遍了全国各地100多种火锅底料，从食材到技术上蔡红亮都投入了巨大的成本。

在2020年的"618"活动中，自嗨锅早早卖断货，粉丝纷纷表示不满，蔡红亮只好带领团队出来道歉，蔡红亮表示自嗨锅需要复杂的生产流程，它不同于普通的速食产品，为了增强粉丝的食用体验感，自嗨锅非常注重品质，所以不能因为时间紧就压缩生产流程。

网红只是起点，品牌才是根本

不得不承认，当代网红虽然有流量大的优势，但也有迭代快的缺点。所以蔡红亮认为自嗨锅虽然是网红品牌，但这只是起点，品牌发展才是自嗨锅的根本。

自嗨锅总经理石富鹏曾这样说过，自嗨锅的成功离不开"一人食"特性下的巨大经济潜力。"一人食"的消费场景主要有四种：

（1）居家场所。例如，单身宅男宅女不想做饭，但喜欢吃一些更有味道的速食。

（2）工作、学习场所。例如，职场人士、寝室学生独自用餐。

（3）休闲场所。例如，在商业街、购物中心吃便餐。

（4）户外场所。例如，郊游、旅游过程中的用餐。

从以上四种消费场景中大家可以看出，自嗨锅的主要消费群体都是年轻人，且自嗨锅容易成为这些场景中的刚需。这种从爱好到刚需的转变，就是自嗨锅从网红品牌到国潮品牌的转变。

层层创新，步步发展

对自嗨锅有一定了解的人都知道，自嗨锅的发展可以分为三个阶段。

（1）科技背书。自嗨锅起初被称为"来自太空的火锅"，正是因为自嗨锅的产品包含了很多科技元素，比如冻干技术、包装的选材以及内置铝胆等。当然，这些科技元素不是向客户传达知识理念，只是为了增加客户兴趣，让大家产生好奇心：这个来自太空的火锅究竟是个什么东西？

（2）明星背书。自嗨锅发展的第二阶段就是爆红娱乐圈。从请林更新代言，到投资十几部当红网剧，都是自嗨锅缜密营销思维下研究出的营销方案。对于大多数新兴品牌而言，网络营销是品牌推广的第一步，但自嗨锅却没有这样做，因为自嗨锅对自己的产品定位非常清楚，所以直接选择了可以最短距离触达年轻客户的娱乐圈，通过大投入在最短时间内获得营销效果。我们对比一下2020年自嗨锅的收获，就可以看出，自嗨锅的策略非常正确。

（3）品牌背书。在自嗨锅获得一定的粉丝量之后，就进入了品牌背书阶段，而且效果非常明显。从2020年年初，大家就可以看到自嗨锅开始风靡朋友圈，并且各大自媒体平台中腰部达人都开始主动推荐这款产品，这就是品牌影响力提升产生的效果。

走差异化自媒体营销之路

自嗨锅进入直播电商领域其实是在2019年。虽然进入这一主流营销渠道的时间比较晚，但取得的效果却非常突出。自嗨锅营销渠道从娱乐圈到自媒体之间的切换非常顺畅，因为前者为后者打下了良好的品牌基础，而自嗨锅也选择了更适合自己发展的营销策略。

首先，2019年"双十一"活动之后，自嗨锅同时选择了自媒体平台的100位中腰部主播，加上自己的官方账号，以"网红101"的阵势开始积攒声量；之后自嗨锅再寻找自媒体平台头部大V引爆营销。

相比其他高速发展的新兴品牌，自嗨锅的强者思维令人佩服。因为自嗨锅属于小众品类产品，且垂直市场更为复杂。但就是在这样错综复杂的情况下，自嗨锅走出了一条属于自己，属于年轻人的发展之路。它的成长也告诉了我们，新品牌必须年轻化，谁年轻，谁精彩。

第 7 章

圈层消费大爆发，
品牌如何进行全域营销

新媒体时代改变了大众的传统消费模式，商业市场也从"物以类聚"进入"人以群分"的状态。年轻人开始用兴趣、爱好在商业市场中"画圈"，在这种圈层商业模式下，大众需求的表达壁垒逐渐被消弭，拥有相同文化认知、相同兴趣的用户开始聚合，消费行为习惯被直接颠覆，相同消费习惯、相同价值观、相同消费需求的人群形成了不同的圈层。从企业的角度来说，圈层特征正是营销的切入点。

01 消费圈层划分明显，圈层差异化特质决定品牌策略

随着新媒体时代不断变化的发展节奏，当代文化社交的主要群体——Z世代长久活跃在前沿位置，并成为新媒体商业市场中的吸睛焦点，展现出更加多元的日常娱乐、社交方式。

Z世代看似"孤独"，实则"独"而不"孤"，这一群体通过相同的兴趣、爱好在社会中不断寻找群体归属感，在此过程中他们结识同好，定位群体，用时尚、前卫的语言逻辑和社交体系搭建起有秩序，有追求的群体，这便是年轻人消费圈层划分的逻辑。

从小众品牌定位客户圈层的角度来看，当代圈层经济主要呈现出三个特征。

1. 文化认同

同一圈层的消费者拥有相同的爱好、兴趣以及价值观，以此形成了独特的社群圈子，并将这种基础的经济形态发展成一种圈层经济。

2. KOL带动

在新媒体时代到来之后，见证了新媒体商业发展的消费者保持着较高的风险意识，所以在信息量爆炸的状态下，他们对商业品牌的信任感不断下降。相比品牌做出的各类宣传，消费者更愿意相信社交圈内产品的口碑，愿意相信圈层中KOL的意见。

3. 个性定制、原创

不同圈层的消费者愿意为彰显自己个性的产品，以及定制、原创内容和服务买单。随着市场不断复杂化，各个圈层消费者的需求也在发生着多样化的变化。

圈层经济的发展可以被分为三个阶段。

1. 传统经济时代的大众被动接受阶段

在以传统媒体为主的时代中，由于缺少品牌宣传渠道，大众只能被动接受品牌宣传，品牌之间比拼的是规模、产能与质量。

2. 互联网时代的圈层经济起步阶段

随着互联网时代的到来，时间、地域的界限被打破。社交媒体开始主导市场，媒介渠道越发多元，消费者开始呈现出追求个性化的状态，在共同的兴趣、爱好下拥有一定文化认同的圈层开始出现，圈层经济悄然兴起。

3. 新媒体时代的圈层经济发展阶段

新媒体时代到来后，自媒体平台用户不再是简单的消费者，更是品牌的生产者与传播者。圈层经济开始进入大众主流视野，圈层用户开始深度拓展。在这种状态下，圈层当中开始出现品牌与特定用户的沟通与转化。

如今圈层经济已经覆盖到大众生活的细枝末节当中，并在方方面面展现出鲜明的特点和多样的类型。表 7-1 为不同圈层的定义与特点。

表 7-1 现代圈层经济拥有不同的定义与特点○

类型		定义	特点
购物类圈层	都市青年消费者	生活在一二线城市的年轻消费者	线上消费能力强
	小镇青年消费者	下沉市场的年轻消费者	潜在高价值购物消费人群
	辣妈奶爸消费者	有孩子的中青年消费者	消费人群的中坚力量
	中老年消费者	有频繁购物习惯的中老年消费者	规模较大,有待进一步开发
娱乐类圈层	爱娱乐型人群	泛娱乐典型行业消费者	人群规模庞大
	爱娱乐型 00 后	泛娱乐典型行业 00 后消费者	娱乐圈层中的主要新增来源
	爱娱乐型中老年	泛娱乐典型行业 41 岁以上消费者	
办公类圈层	办公人群	使用过办公商务行业 App 的消费者	规模大
	年轻人下沉办公人群	办公人群中为下沉市场的年轻消费者	办公人群的主要新增来源
兴趣类圈层	美食爱好者	兴趣偏好为美食的消费者	活跃度高、消费能力高
	学习充电人群	兴趣偏好为学习,准备备考、找工作的消费者	
	运动健身爱好者	使用过运动健身行业 App 的消费者	较高的活跃度及消费能力

  2020 年之后,现代圈层用户规模最大的当属娱乐类与购物类圈层,而且办公类圈层规模增长最为显著,兴趣类圈层人群也已初具规模。如图 7-2 所示,2019 年与 2020 年各类型圈层人群全部保持了增长之势。

○ 相关数据及内容引自 QuestMobile 研究院 于 2020 年 8 月发布的《圈层经济洞察报告》。

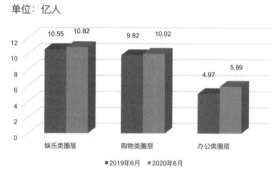

注：相关数据来自网络。

图 7-1 2019 年 6 月与 2020 年 6 月各类型圈层月活跃用户规模

随着圈层经济的发展，基于圈层用户属性与兴趣的不同，圈层差异化的特质也决定了商业品牌的发展策略。要想在圈层经济中收获颇丰，首先需要对各个圈层的差异化特质进行详细的了解。

1. 购物类圈层

购物类圈层消费者主要分为四种。

（1）现代都市青年消费者。这一群体主要生活在国内一二线城市当中，拥有较强的消费能力，属于现代商业品牌潜在的高价值消费用户。

（2）小镇青年消费者。这一群体主要生活在三线以下城市的下沉市场当中，虽然生活环境不同，但小镇青年消费者与都市青年消费者同属商业品牌的高价值消费用户。

（3）辣妈奶爸消费者。对于婚后刚刚有宝宝的青年男女而言，消费方向将出现巨大偏移，消费能力也将大幅度提升，这一群体是消费人群中的中坚力量。

（4）中老年消费者。虽然相比以上三个群体中老年人的消费能力有所下降，但这一群体的规模非常庞大，属于潜力巨大、有待开发的购物圈层用户。

2020 年，年轻圈层用户展现出的消费实力非常突出，且无论所在地是城市还是小镇，都表现出了较高的线上消费水平。当然，辣妈奶爸群体也一如既往地展现着不俗的消费能力。如图7-2所示，2020年6月购物类圈层用户带来了惊人的消费数据。

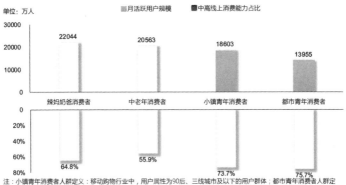

图 7-2 2020 年 6 月购物类圈层用户规模与消费占比[一]

在当代购物类圈层当中，由于年轻消费群体对互联网的依赖性更强，所以对电商平台的使用频率更高，其中都市青年在生鲜电商领域的使用占比明显高于小镇青年。

那么这种购物圈层经济的特征对于品牌发展而言，有哪些影响呢？或者说各大品牌应该采取哪些策略呢？如图 7-3 所示，为满足都市青年群体的生鲜消费需求，叮咚买菜、每日优鲜、美团买菜等品牌采用了仓库前置或依托实体门店的方式，大幅度缩短了商品配送时间，提高时效性的同时还能降低冷链配送成本。

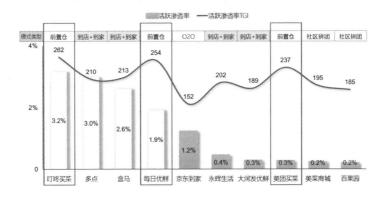

图 7-3 2020 年 6 月都市青年消费者在生鲜电商行业活跃渗透率占比[一]

[一] [一] 相关数据及内容引自 Quese Mobile 研究院 2020 年 8 月发布的《圈层经济洞察报告》。

纵观 2020 年购物类圈层的电商品牌用户群体定位，如图 7-4 所示，我们可以发现，由于淘宝、拼多多等平台更受辣妈奶爸的青睐，而京东平台上各年龄段圈层用户表现得相对均衡，这便是圈层经济差异化特质决定品牌发展策略的表现。

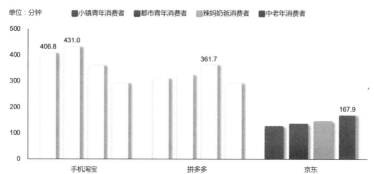

图 7-4　2020 年 6 月购物类圈层购物 App 人均使用时长㊀

2. 娱乐类圈层

娱乐类圈层是指以娱乐为主题进行划分的圈层群体，这一圈层中主要包括以下三个群体。

（1）爱娱乐型人群。指泛娱乐典型行业消费者，且这一人群规模目前十分庞大，如图 7-5 所示，这一群体在 2020 年年初就已突破 10 亿人，并保持上涨态势。

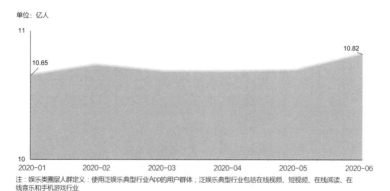

图 7-5　娱乐圈层人群 2020 年 1~6 月增长走势㊀

㊀　㊀　相关数据及内容引自 Quese Mobile 研究院 2020 年 8 月发布的《圈层经济洞察报告》。

（2）爱娱乐型00后。拥有年轻气息的00后，泛娱乐典型行业消费者。

（3）爱娱乐型中老年。41岁以上泛娱乐典型行业消费者。

目前，娱乐类圈层人数规模正在高速增长，其中青年和中老年用户蕴藏巨大发展潜力，相信不久的未来，这一群体将成为娱乐行业发展的主要推动力。

如今，各大自媒体平台中各种热剧、综艺、短视频等获得了大量年轻用户的青睐，如图7-6所示，这一行业也保持着良好的发展势态。

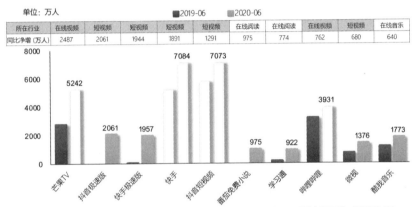

图7-6 00后在泛娱乐App行业同比净增前十名榜单⊖

相比购物类圈层而言，娱乐类圈层的差异化更加明显，品牌需要根据群体特性定制自己的营销方法，决定品牌发展的策略。

3. 办公类圈层

对于Z世代当中消费能力有所保障的90后、95后而言，由于工作需求也形成了当代的办公类圈层，这一圈层主要包括两个群体。

（1）办公人群。即通过商务办公App聚集的群体。

（2）下沉办公市场的年轻人群。即下沉市场中年轻的办公人群。这一群体也是

⊖ 相关数据及内容引自Quese Mobile研究院2020年8月发布的《圈层经济洞察报告》。

办公人群的主要新增来源。

目前，办公类圈层消费者规模同样庞大，如图7-7所示，截至2020年6月，这一群体人数已经接近6亿。

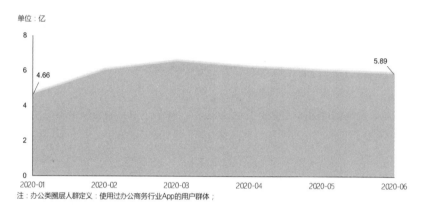

图7-7 2020年1~6月办公类圈层人群活跃用户规模⊖

对于这一圈层消费者而言，传统商业品牌牢牢把控着市场占比，如图7-8所示，金山办公软件WPS，阿里办公软件钉钉、腾讯办公软件QQ同步助手占据着办公商业行业的前三名位置。

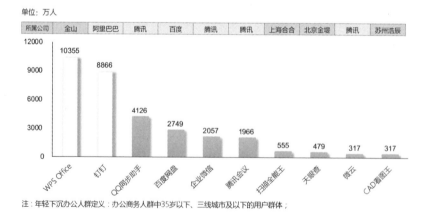

图7-8 2020年6月年轻下沉办公人群在办公商务行业的月活跃用户规模前十名⊖

⊖ ⊖ 相关数据及内容引自Quese Mobile研究院2020年8月发布的《圈层经济洞察报告》。

4. 兴趣类圈层

在新媒体消费圈层的四个类型中，消费能力能够媲美购物圈层的当属兴趣类圈层。兴趣类圈层，顾名思义是指拥有相同爱好的群体，目前这一圈层群体主要包括三大人群。

（1）美食爱好者，偏爱各种美味。

（2）学习充电人群，积极向上的年轻群体。即日常努力学习，准备继续考试、求学或找工作，提升自己的年轻群体。

（3）运动健身爱好者。爱好运动、健身的群体，这一群体一般都使用过运动健身行业的 App。

在以上三大人群中，前两种的日常活跃度以及消费能力十分突出，第三种虽然稍稍逊色，但一样属于当代高消费能力人群。

以兴趣类圈层中的运动健身爱好者为例，2020 年，由于新冠肺炎疫情的影响，居家健身的人数暴增，导致这一群体人数猛涨。如图 7-9 所示，2020 年 1~6 月，平均每月有超过 7000 万人通过运动健身行业 App 进行运动健身，而各大品牌随之推出各种直播课程，以线上免费的形式进行品牌推广，并结合线下活动迅速占领这一圈层用户的心智。

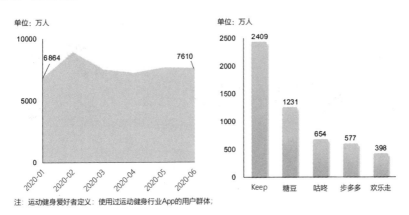

图 7-9　2020 年 1-6 月运动健身爱好者用户规模及 App 用户排行㊀

㊀ 相关数据及内容引自 Quese Mobile 研究院 2020 年 8 月发布的《圈层经济洞察报告》。

随着新媒体时代的发展，当代消费圈层划分已经越发明显，圈层差异化特质越发突出。品牌的年轻化策略要根据圈层特性进行不同的选择，只有准确定位圈层用户、明确圈层差异化特质的品牌才能展现出年轻的特性，才能做好圈层营销。

02 如何合理利用圈层购物与种草消费特性进行营销

Z世代购物时表现出的消费心理和Y世代、X世代有明显差异。

这个年轻群体对偶像代言产品的购买力远超大众想象，甚至他们已经将消费偶像代言产品视为追星的一种途径，只有购买了偶像代言的产品，自己才称得上合格的"饭圈男女"。

事实上，半数以上Z世代在购物的过程中，对偶像代言产品本身的性能、作用、效果并没有深入了解，根本的消费动机仅为这类购物可以"使我年轻、使我充满活力"，或者"这类产品是当下潮流人群必备之物"。

基于这种消费模式，自媒体平台上的品牌商开始有选择、有针对性地进行种草，且运营的中心不外乎四个方面。

1. 偶像代言

目前各大自媒体平台带货变现的主要方式是明星、网红代言的短视频，以及明星、网红直播带货。在圈层消费大爆发的今天，对于Z世代而言偶像代言可以帮助其迅速定位圈层，而企业、商家也可以通过明星这一媒介迅速打通相应圈层的变现渠道。在这一过程中，偶像代言的优势主要可以体现为以下三个方面。

（1）偶像带动品牌曝光度、传播度。在偶像当道的新媒体时代，Z世代的各个圈层都有对应的偶像群体。企业、商家与圈层偶像达成合作后，品牌则会因明星、网红的光环大幅提升曝光度、传播度。粉丝在追星的过程中，会因偶像的爱好、选择评定品牌的价值，同时为品牌"站台"，自发为偶像代言的品牌裂变推广。

（2）偶像提升品牌亲和度与内涵。相比品牌自身而言，有了圈层偶像的加入，首先将大幅提升品牌活性，因为品牌拥有了真实形象与明星效应。

Z世代的各个圈层在消费过程中，会首选有亲近感的偶像代言产品，因为这种消费是"提升我的品位""让我的颜值提升""拉近我与偶像距离"的过程。

其次，品牌与圈层偶像结合之后，品牌内涵会因为明星形象、气质而得到美化，粉丝圈层会将对偶像的好感、信任延伸到偶像代言的品牌之上。

（3）偶像提升流量，拓宽转化渠道。大多数品牌选择明星代言的主要关注点，还是在明星背后的流量群体之上。

在"流量为王"的时代中，偶像代言背后存在粉丝经济，且偶像代言可以大幅提升对应粉丝圈层对品牌的忠诚度。尤其在自媒体平台之上，基于社交、互动的属性，粉丝群体的高度热忱与参与可以直接转化为商业价值、品牌价值。

2. 仪式感

在现代自媒体经济消费模式下，圈层经济拥有非常明显的仪式感。因为仪式感对于年轻人而言，代表着对生活的重视和调剂。虽然只是简单的购物，却因为仪式感变得更具趣味。

针对这种心态，各大品牌无论在种草短视频，还是在直播带货过程中，都会强调、突出"仪式感"，因为对于Z世代而言，消费购物的仪式感是生活中必不可少的元素，这种需求主要表现在以下三个方面。

（1）仪式感是一种心理暗示。虽然是简单的拔草、消费行为，却可以因为仪式感变得精致且值得回忆，因此有仪式感，尤其是有圈层针对性的仪式感才更受Z世代的欢迎。

（2）仪式感是情感刚需。Z世代虽然生活压力较大，但他们大多有认真对待生活的态度，圈层消费就是明显的表现。年轻人会将生活进行社会定位，寻找属于自己的圈层，从中得到情感满足。所以，没有仪式感的种草很难打动年轻人。

（3）仪式感是圈层社交文化。圈层文化中存在一种"标签哲学"，这种"标签哲学"往往体现在 Z 世代生活中的方方面面，在不同的场景下，年轻人喜欢有不同的标签。

例如，2019 年，北京一女孩花 2 万元装修了寝室，希望通过寝室打造出家庭的温暖，这就是一种对仪式感的追求，也是这一圈层消费的正常体现。

3. 自我奖励

据中国情报网官方统计，2019 年中国国内游客人数超过了 60 亿人次，同比增长 8.4%，国内旅游收入 57251 亿元，同比增长 11.7%。据相关数据统计，国内旅游人数已经连续五年保持增长态势。

其中 Z 世代消费占比超半数，且长期保持着良好的活性。笔者曾对 90 后、00 后群体进行过调查采访，80% 的 Z 世代愿意来一场"说走就走的旅行"，而超过 30% 的 Z 世代愿意将这种想法付之于行动。

其主要消费理由有以下三种。

（1）世界这么大，我想去看看。

（2）生活太乏味，我想去走走。

（3）工作太辛苦，我想去静静。

可以看得出来，这是一种自我奖励的消费心态。在圈层经济当中，自我奖励也是冲动消费的主要心理。年轻人容易在这种心态下，冲动购买一些有亮点、有趣味的种草产品。

4. 减压

在种草短视频中，有一类非常受 Z 世代青睐的产品——减压神器。尤其对于办公圈层的消费者而言，减压产品拔草率超高，这是 Z 世代减压消费的主要体现方式。

所谓减压消费，是在 Z 世代中出现的一种经济现象，随着新媒体时代生活节奏的加速，年轻人承受的生活压力不断增加，琐碎的生活令很多年轻人心力交瘁，为了获得放松心态，让生活多一些乐趣，所以很多人选择通过消费进行减压。

目前，针对不同的圈层，种草带货的运营方式也有差异。对于精神压力大的圈层，企业、商家主推日常减压产品，通过各种趣味性的减压玩具刺激年轻人消费；而对于一些学习压力大、工作压力大的圈层而言，企业、商家主打提升生活品质，从而刺激消费。

针对当代消费的主力军——Z世代，企业、商家的营销方式主要取决于圈层的特性，产品本身不是带货的重点，影响年轻群体的购物思维、消费方式、消费目的才是关键。将偶像代言、塑造仪式感、自我奖励、减压准确对应到不同的圈层，产生的种草效果才能够令人满意。

03 基于圈层的广告投放与明星/KOL触达策略

北京贵士信息科技有限公司的大数据统计显示，中国 Z 世代圈层已经细化到生活细节层面，比如在美食爱好领域中，东北圈层以炖菜 + 烧烤为主，四川圈层则以火锅为主，华南圈层喜欢米粉、烧腊，华东圈层则喜欢淮扬菜、客家菜，且随着新媒体时代的发展，圈层区隔正在不断拉大。

基于这种圈层经济"触点 + 内容"的特点，圈层营销对当代年轻人产生了巨大影响，通过明星、KOL 等媒介，圈层营销可以更高效地触达到消费者。

在各大自媒体平台上，公域流量营销主要以短视频输出、拉新促活的方式进行，而私域流量营销则表现为直播间内的各种促销活动和产品体验展示，在偶像与 KOL 的带动下，粉丝消费的热情被不断点燃，营销效果自然更加突出。

例如，以购物类的小镇青年圈层为例，如图 7-10 所示，先进行行业筛选，然后通过五个重点 App 组建投放组合，可以短时间内覆盖多个目标群体。

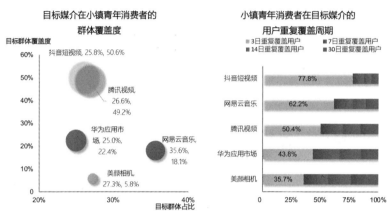

图 7-10 小镇青年消费者的圈层覆盖效果

另外，自媒体平台上明星、网红带货的效果也可以表现出独特的优势，虽然目前 KOL 数量在各个行业分布明显不均，但生活类与时尚穿搭类的 KOL 依然展现出了强大的带货实力。

如图 7-11 所示，2020 年 6 月 KOL 行业数量并不能决定行业带货率的高低。

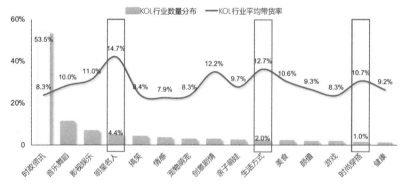

图 7-11 2020 年 6 月 KOL 行业数量分布及行业平均带货率

○ ○ 相关数据及内容引自 Quese Mobile 研究院 2020 年 8 月发布的《圈层经济洞察报告》。

由此可见，圈层广告的投放需要根据行业特点进行选择，因为 Z 世代的购物习惯不同于传统的购物习惯，越来越多的人开始适应新时代、新技术下的购物方式，所以圈层广告的投放方式也需要随之转变。

以 2020 年 6~8 月知乎平台广告投放趋势为例，当代圈层营销的本质依然无法脱离"触点 + 内容"的本质。

作为内容型平台，知乎 2020 年 8 月的用户属性相比 2020 年上半年而言产生了细微变动，女性用户总数已经超过了男性用户。

从公开的数据中可以看出，Z 世代依然是知乎的主要用户群体，那么在这一平台上，哪些行业投放广告最为频繁，哪些广告最为热门呢？社交婚恋、游戏是 2020 年下半年知乎平台上广告投放量较高的两个行业，如图 7-12 所示。

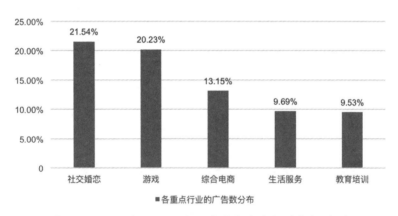

图 7-12　2020 年 6～8 月知乎平台广告投放数据（1）

值得我们关注的是，2020 年下半年社交婚恋和游戏行业广告投放量已经超越了综合电商，这代表 Z 世代圈层的消费活动主要建立在社交娱乐之上，圈层经济中社交、娱乐元素的占比正在不断增加。

另外值得注意的是，知乎"文字社区"的属性导致这一平台的广告投放方式依然以纯文案为主，如图 7-13 所示。但这并不代表纯文案类型的广告是新媒体时代的主流广告形式，只是这一平台的特性如此。

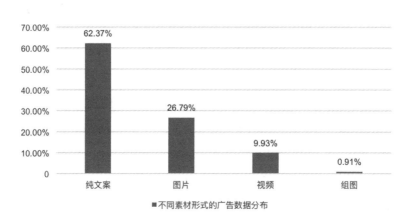

图 7-13　2020 年 6～8 月知乎平台广告投放数据（2）

我们以知乎平台为例的主要原因不是它的广告投放方式，而是广告的触达效果。相比其他自媒体平台而言，知乎广告虽然主要采用纯文案类型，但触达效果丝毫不逊色于社交平台。

原因非常简单，知乎上的圈层十分明确，通过明星、KOL 媒介投放的广告触达更为迅速。

目前知乎上的明星数量高达上百位，形成的"知乎圈子"垂直度极高，品牌触达的路径十分通畅。如图 7-14 所示，"知乎圈子"产品运营策略既简单又明确。

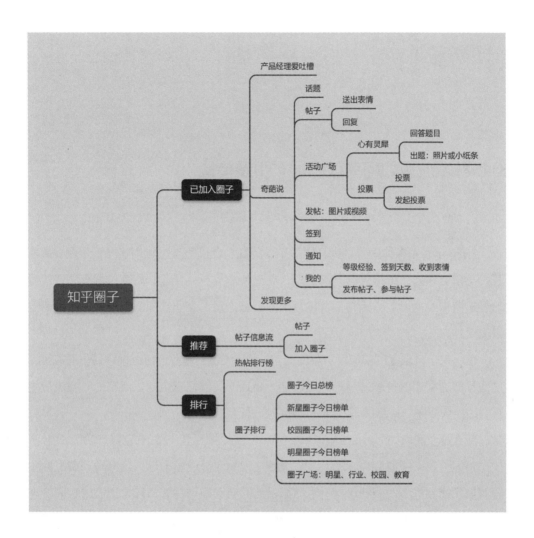

图 7-14 "知乎圈子"产品运营策略

从这一策略中我们不难看出,圈层营销"触点+内容"的本质可以在这一平台取得高效的成果。

04 私域流量如何突破圈层，引爆传播

2020年，新媒体时代各大自媒体平台的红利逐渐表现出触顶状态，企业、商家开始寻找更高效、更持久的流量资源。在这种形势下，企业、商家对现有流量资源的维护变得尤为重要，因为相较平台上的公域流量，企业、商家的私域流量的商业价值更高。

然而对于Z世代的圈层经济特性而言，私域流量的商业价值挖掘容易出现瓶颈，这便是圈层用户的跨越式开拓。突破这一瓶颈的关键在于企业、商家的私域流量能否突破圈层限制，使品牌与不同圈层消费者进行连接，并产生共鸣。

那么企业商家如何才能实现这种突破，深度挖掘私域流量的商业价值呢？

首先，我们需要明白，Z世代的消费主张表现得锐意十足，且这种消费态度主导着当代社会经济发展的走向。私域流量的圈层突破与品牌年轻化遵循着相同的理论，这便是如何满足年轻消费者的"个体诉求"，当Z世代的文化主张、兴趣爱好得到满足时，不同圈层的私域流量可以被同时触达，因为当代年轻人认可的不仅仅是企业、商家的品牌，更认可品牌与自身的契合度。

纵观当代年轻品牌、小众品牌崛起的路径，都遵循这一逻辑，即帮助年轻消费者增强消费体验感，解决其多项内在需求，赢得更多圈层消费者的青睐，之后屹立于潮流趋势之上，迅速成长为超级品牌或网红品牌。

了解了这一逻辑之后，笔者将私域流量突破圈层的方法为大家解析成了以下三个步骤，通过对这三个步骤的塑造，品牌可以顺利突破圈层限制，获取更多私域流

量的商业价值。

1. 遵循 Z 世代消费趋势，实现品牌势能倍增

品牌突破私域流量圈层的第一步便是自身势能的叠加，在符合 Z 世代消费趋势的前提下，多营造消费场景，多满足消费者未被满足的新需求。

以童装为例，现代年轻人早已不满足产品舒适、健康、保暖等基础功能，更喜欢将文化、科技融为一体的新锐概念。在这种趋势下，传统童装品牌"小猪班纳"打造了旗下"朋克一代"的子品牌，而"安奈儿"也相继推出了"新生之旅""成长之旅""异想之旅"等系列新品。

这两家传统童装品牌近年来通过视频势能的积累完成了私域流量的圈层突破。目前，在 Z 世代当中，多个圈层的辣妈奶爸对这些品牌都建立了良好的忠诚度。

品牌势能的积累带来的不仅仅是流量的增长，还有综合实力的提升。在这个过程中，品牌能迎合更多年轻消费者的基础需求，有机会触达更多 Z 世代圈层，实现品牌触达领域的拓展。

2. 主打内容优势，突破跨圈层阻力

自 2018 年之后，新锐品牌、新物种产品在各大自媒体平台频出。看似是商业品牌发展趋势带动了年轻消费者强势崛起，但事实上却是年轻消费者展现出的消费态度给予了更多企业、商家发展的机会。在此过程中的确有很多新锐品牌顺利崛起，但也有很多企业、商家遭遇了瓶颈，在私域流量圈层突破过程中遭受重重阻挠，甚至彻底消失。

在了解了这些品牌的发展过程之后，不难看出对于 Z 世代而言，品牌与一个圈层的消费者产生对话后，可以获得良好的发展基础，但想要实现崛起就必须跨越层层阻碍，实现多个圈层消费者的同时触达。

品牌如何同时触达更多私域流量正如前面笔者提到的方法，需要结合 Z 世代的多元需求，让 Z 世代产生共鸣。

2019年,阿里巴巴的聚划算拿下了B站跨年晚会的独家冠名权,在这场跨年晚会上,聚划算的品牌爆红全网,引发了多个圈层消费者的共鸣。事实上,在2019年最后一个季度,阿里巴巴投入超过30亿元连续冠名赞助了七场晚会,得到的私域流量突破效果难以想象。

品牌内容优势的打造,首先需要深度结合Z世代的文化理念。苏联诗人约翰·里德曾说过:"文化不能从上向下压,因为它应该是从下面高涨起来的。"新媒体时代信息传播的速度远超大众想象,Z世代的文化理念通过各种传播渠道迅速被印上个性标签,形成不同圈层,所以品牌必须了解这些圈层的群体画像,才能打造内容优势。

这种通过内容优势实现圈层跨越的方式如今各大品牌都在使用。例如,近年来汉服开始在Z世代中流行开来,而2019年中国风时装品牌"盖娅传说"就将汉服与现代时尚结合,从而实现了对Z世代多个圈层消费者的触达。

其次,品牌垂直度的突出也是内容优化的主要方式。2020年,综艺节目《乐队的夏天》大热,一时间圈粉无数,甚至很多对这一领域并不熟悉的年轻人都开始跟风点赞。

当品牌在垂直领域可以达到狂欢的效果时,圈层跨越便可以轻松实现,因为年轻群体乐于主动分享惊喜多、效果好的生活元素,品牌自然也在这一范围当中。

3. 遵循营销趋势,引爆跨圈价值

近年来遵循营销趋势,引爆跨圈价值最经典的案例当属王老吉190周年时的营销活动。

2018年,王老吉开始了一场庆祝品牌190周年的活动。作为中国凉茶市场的代表品牌,王老吉的这次营销策略非常明确——品牌年轻化。

首先王老吉将营销重点放在Z世代身上,针对年轻消费者圈层的兴趣爱好,洞察Z世代各个圈层青睐的年轻化IP,并通过筛选后选择与周冬雨、刘昊然两位流量明星进行合作,与这两位明星的合作令王老吉实现了内容共生性营销,通过聚焦年轻的潮流文化,王老吉将传统凉茶拓展到年轻文化的生态圈。借助Z世代明星流量

与粉丝经济互通的渠道，实现了私域流量中年圈层向年轻圈层的跨越。

不得不说，在这场遵循时代发展的营销活动中，王老吉将品牌年轻化活动做得十分到位，就连品牌"190岁"的年纪，王老吉都将其拆分成了"10个19岁"，在此次品牌宣传活动中，王老吉实现了品牌势能积累与圈层跨越的良性循环，产生的裂变效果使得品牌隐隐有成为行业龙头的趋势。

通过王老吉的品牌年轻化打造活动，我们不难发现当代营销趋势的重心依然保持着年轻化的方向，也只有年轻气息十足的营销方式才能够实现Z世代圈层的顺利跨越。

05 短视频直播的营销机会与策略

对于新媒体时代主张时尚消费的 Z 世代而言,虽然表现出的消费活跃度较高,但是这个年轻群体考虑的消费因素也非常全面,他们会结合产品品质、品牌效应、价格渠道等多方面因素进行综合考量,之后选择适合自己的产品。

从表面上看,Z 世代的时尚风格主要来源于场景塑造与自我风格的结合,但事实上这一群体内心的个性十分突出,不仅需要和潮流结合,还需要产品自身具有较高的性价比,因为高性价比同样是时尚消费的主要元素之一。

Z 世代表现出的消费状态与新媒体时代中主流的消费渠道不无关系,在短视频直播的营销策略下,大多数 Z 世代圈层的多元需求得到了满足,消费活性的提升水到渠成。

在圈层消费大爆发的 2020 年,品牌如何借助短视频直播的机会实现全域营销,成为大家应该思考的重要问题。不得不承认,虽然 2020 年新媒体的发展依然迅猛,但对于品牌营销而言,流量成本却在不断增加,在这个成熟的流量体系中,短视频直播营销的巧妙运用,可以为品牌直播新的流量红利,也为品牌创开创了新的营销领域。

1. 短视频直播营销不只是曝光,更是参与感的增强

相比其他营销方式而言,短视频直播营销内容更生动,且对消费者的触达更直接。

对于 Z 世代而言,自媒体平台绝对不是一个电商平台,而是社交娱乐平台。自

媒体平台产生的价值也是社交互动，购物消费只是社交互动的内容之一。

因此，品牌通过短视频直播进行营销，不应局限于曝光，更要注重消费者的参与感，正如黎万强在《参与感：小米口碑营销》一书中讲到的那样，注重用户参与感才是优质营销的重点。

目前短视频直播受到年轻人的青睐，核心依然在"参与感"上。自媒体用户观看短视频不是单向的信息接收，而是双向的互动，即便最简单的点赞评论，也可以提升平台用户的参与感。

对于品牌而言，提升营销过程中消费者的互动性，调动其参与感，是激发消费者主动裂变传播的主要动力。

2. 短视频直播营销不只是内容生产，更是立体化沟通

目前，很多企业、商家在品牌营销过程中存在这样的误区，那就是把品牌宣传制作成短视频在全渠道推送，但往往因为营销内容略显单一而取得的传播效果非常有限。当然也有一些品牌通过有品质、有趣的短视频内容取得了不错的效果，但对于大多数品牌而言，要获得这种效果非常困难。

之所以称这种方式是误区，是因为短视频直播营销并非单纯的内容生产，而是与年轻群体建立立体化沟通的过程。

例如，2020年8月雷军在抖音直播带货，单日销售额超过两亿元，抖音账号"小米直播间"涨粉百万。这一营销效果超过了很多品牌账号一年的努力成果。其实短视频直播营销的方式并没有大家想象得那么单一，多思考自媒体平台的社交属性，结合Z世代兴趣圈层特点，在情感基础上增加商业元素，既可以表现出商业垂直度，也可以与用户产生立体化沟通。

3. 短视频直播营销不只是产品种草，更是路径打通

对于圈层消费模式而言，短视频种草的效果的确十分突出。因为圈层的特性比较明确，所以短视频直播输出的内容可以更高程度地满足对应圈层中消费者的需求，

但短视频直播营销绝不是单纯的产品种草，应该是营销通路的打造。

在自媒体平台上，短视频直播应该是品牌宣传、话题互动、KOL 引导、带货转化的综合体，在多种内容的共同推广下，消费者才能够认同品牌，进而产生消费欲望。

从吸引到体验，再到沉淀，整套输出方式才是短视频直播营销的正确流程。

4. 短视频直播营销的重点不在流量，而在粉丝

很多企业、商家认为短视频直播营销的重点只有两个字：引流。如果就单个视频、单场直播而言，引流的确是重点，但对于短视频直播营销而言，尤其对于圈层经济中的短视频直播营销而言，营销的重点不是引流，而是粉丝。

因为流量只代表浏览量，但促使消费者成为品牌粉丝才是营销的目的。因此，企业、商家在品牌营销过程中，要保持内容输出的持久性，定位年轻人的兴趣爱好，持续输出优质内容，通过引导将流量转化为粉丝，之后才能实现全域营销的目标。

新媒体时代的确是"流量为王"，但流量并不代表价值，真正有价值的还是可以将流量思维转变为用户思维的品牌。只有具备用户思维的品牌才能够无惧新媒体时代的市场竞争，和消费者保持长期、稳定的关系，全面延长品牌的生命周期。

5. 短视频直播营销不只是内容输出，更是市场布局

在新媒体时代短视频直播成了品牌年轻化的主要途径。

例如，2020 年不仅有罗永浩、雷军在抖音上进行了直播带货，格力 CEO 董明珠也在快手上进行了直播带货，5 场带货销售额超 200 亿元，这一成绩不得不让人惊叹。

事实上，对于这些品牌而言，带货直播的销售额并非最大收益，品牌年轻化以及市场布局才是关键。

随着新媒体时代浪潮的袭来，传统品牌如果不及时布局自媒体市场，就会"老化"，粉丝就会被更多新兴品牌掠夺，为了确保品牌的年轻化，短视频直播是势在必行的营销方式。

6. 短视频直播营销不只是私域流量获取，更是全域经营

品牌营销不是一个单纯吸粉的过程，更是全面开拓市场的过程。在自媒体时代，品牌营销必须全面、同步进行，即私域、公域、商域流量同步抢占。公域流量的获取是为了私域流量的转化，私域流量的获取是为了品牌生命力的延续，而商域流量的推广是为了提升品牌的营销效果。

三者保持同步，营销活动才能事半功倍。

7. 短视频直播营销不只是明星、网红代言，更是 KOL 联动推广

前面我们讲到偶像代言可以为品牌发展带来巨大助力，但明星、网红代言仅是短视频直播营销的一种渠道，在明星、网红背后，社群、圈层 KOL 的作用不可忽视。

目前 Z 世代中各个圈层 KOL 的活跃度很大程度主导着这一圈层商业水平的发展，有 KOL 引领的圈层，品牌的触达更加轻松。对于有实力的企业、商家而言，可以以偶像代言 +KOL 联动的方式开展营销；而对于一些发展中的企业、商家，则可以选择从圈层、社群 KOL 入手，进行品牌的初步营销，触达效果远远超越单纯的视频输出。

案例拆解：圣都装饰如何打造标杆品牌

2020年8月27日，阿里巴巴集团副总裁、天猫家装事业部总经理吹雪在阿里家装生态战略峰会上说了这样一句话："电商最难啃的骨头今年成了最大的黑马。"在这位家装行业权威人士的眼中，我国家装行业近年来呈现出蓬勃发展之势，且超前发展，数字化家装至少提前三年抢占传统市场。未来三年内，阿里巴巴也会将数字化家装作为发展重点，力争将市场覆盖率从2020年的10%提升至20%，且成交规模突破一万亿元。

吹雪认为，中国家装行业未来发展前景良好，行业品牌将获得广阔的发展空间。但对比我国家装行业20多年的发展历程，家装行业的粗犷形态、行业诚信度都在扰乱着行业的健康发展，可以说当下家装行业已经呈现出品牌诚信缺失、用户信任缺失的危机状态。

相关数据表明家装行业市场拥有较大的发展潜力，但行业品牌缺乏创新式发展，市场格局有待重塑。

在这一行业背景下，圣都装饰在2019年以全新的姿态站到了标杆位置，在短短两年时间内为行业指明了一条新型发展之路。

圣都装饰是一家创立于2002年的家居装饰公司，推行"以设计为入口，装饰为服务，提供居家全品类产品"的发展理念。多年来，圣都装饰始终坚持创新发展，积累了大量的品牌粉丝。

2019年，圣都装饰正式对外发布"撕开行业遮羞布，重塑家装行业"的全新发展战略，表示圣都装饰将从自己开刀，彻底打破行业现存的各种不良潜规则。活动中圣都装饰当即公布了品牌0增项、20项终身保修制度，由此开始了颠覆行业格局之路，并由行业龙头企业逐渐成长为行业标杆企业。

解析行业痛点，定义未来趋势

中国家装市场在20多年的发展历程中，主要表现出两种商业模式：垂直型与平台型。新媒体时代到来之后，垂直型家装企业的市场份额逐渐缩水，而借助自媒体发展的平台型家装企业却开始蓬勃发展。不过，无论哪种类型都存在行业痛点，这些痛点正是圣都装饰颠覆市场格局的主要方向。

（1）流量成本高。虽然自媒体平台为家装行业输送了大批流量，但家装企业要想精准定位客户，依然需要投入较高的成本，这就导致整个行业的获客成本不断攀升，企业营销压力不断加大。

（2）布局压力大。家装行业的实体门店布局对于流量获取而言非常重要，且实体市场布局需要较大的资金投入，自媒体平台营销需要长久投入，目前，大多数家装企业在市场布局中的投入与收益不成正比，企业运营压力越来越大。

（3）资金易紧张。传统家居行业资金运作渠道相对垂直、单一，所以容易出现运营资金紧张的状况。

为了解决这些行业痛点，圣都装饰进行了多种开拓创新，重新定义了行业发展模式。

首先，圣都装饰针对家装行业产业链冗长的特点进行了优化与梳理。已厘清了各参与者的利益关系，这就提升了产业链各环节之间的配合度，并在提高效率的同时降低了运营成本。

例如，圣都装饰在为客户提供装修服务时强调整装效果，过程中各环节装饰工作存在交错，但整装完成后维护区域不产生交集，这种方式最大化提高了各环节的配合效率，同时提升了用户体验感。

其次，圣都装饰采用透明定价方案，帮助客户计算家装的各项成本，从而缩短了品牌与客户之间的距离，增强了用户黏性，改变了品牌拓客难、客户信任度低的市场局势。

最后，圣都装饰还对自己的产业链进行细化定岗及全系统整体运作的创新。圣都装饰客服负责与客户沟通，设计、装修团队负责按公司标准施工。这种产业链职责细化的方式减少了各环节配合过程中的不必要冲突，确保产业链提质提效。

例如，在传统家装行业中，客户可以与施工人员随时沟通，装修人员则完全按照客户的要求施工，后续环节很容易受到影响。但圣都装饰产业链各环节细化分离后，客户只需要与圣都装饰的客服沟通，客服可以根据客户需求调整后续装修流程，在满足客户需求的同时，不影响施工的速度与品质。

先做产品，再抓客户

传统家装行业的运营流程为，先抓客户，再介绍产品，之后营销推荐。但圣都装饰却选择了更符合时代潮流、更受当代年轻人追捧的口碑营销模式。

圣都装饰董事长颜伟阳说过："只有让客户心上的家宽敞了，现实中的房才更宽敞，今后圣都最重要的任务是狠抓客户满意度，这比业绩更重要。"在这一策略下，圣都装饰全面优化了自己的产业链，从而令各项装修服务都获得了更高的满意度。

在其他家装企业还在以市场、平台为流量入口时，圣都装饰已经将用户口碑作为营销重点。通过补足行业短板，赢得客户认可的方式，令客户自行裂变，用品质在行业中树立品牌，引流吸粉。

不得不说，我国家装行业近年来虽然表现混乱，但发展趋势却在向提升客户价值转变。家装市场正在逐渐从卖方市场转变为买方市场，未来品牌能否被消费者认可，决定了企业的发展前景。

中装协住宅产业分会秘书长胡亚南在圣都装饰2020年战略发布会上说道："圣都作为家装行业的佼佼者，发布新型战略，是为了让大众看到企业对消费者的敬畏之心。家装是服务行业，只有我们真正把消费者放在心上，通过20项终身保修、0增项，把消费者的满意度嵌入企业经营层面，才能真正实现以客户为中心，以客户价值为中心。"

新媒体时代到来后，高端互联网技术的确为很多行业带来了发展机遇，但市场竞争也随之加剧，从圣都装饰改变行业发展模式的过程中大家可以看到，企业的长远发展不是建立在利益之上，而是建立在品牌之上，但品牌的发展不在眼前，而在长远。优质的品牌不会在行业内随波逐流，而是跟随时代趋势，颠覆传统，破局创新。

案例拆解：谁年轻，谁靠谱——看 ffit8 代餐蛋白棒的破圈之路

当代新媒体商业"润物无声，黑马出征"的特性总能带给大家惊喜，在不知不觉中新兴品牌便会悄然出现在我们身边。ffit8 从健身领域出发，迅速占领办公室人群的心智，被 Z 世代赋予了"潮酷燃"的年轻基因，在罗永浩直播间中销售额达 337 万元，在 2020 年"618"活动中获天猫、京东等渠道蛋白棒销售额第一名，更在 2020 年 11 月成功获得 BAI 领投、芒果次元基金跟投的数千万元融资。

那么，ffit8 是如何在新兴健康食品领域中迅速崛起的呢？

解读市场所需，解读年轻所好

当代年轻人是思维敏锐的一代，同时也是思维矛盾的一代。"越吃越瘦""要健康，更要零食""啤酒杯里泡枸杞"等体现了年轻群体的心态。受新冠肺炎疫情的影响，大众的健康意识不断加强，健康饮食随之成为生活焦点。

正是在这一契机下，深度解读市场所需的 ffit8 成功营造了"健康减肥"新风尚。在年轻人对健康、便捷的双重追求中找到了平衡点，用"健康低卡"的特色吸引了年轻群体的关注。

在 ffit8 代餐蛋白棒的带动下，国内代餐市场消费迅猛增长，CBNData（第一财经商业数据中心）发布的《功能营养代餐市场消费趋势》显示，2018—2020 年我国代餐市场的消费金额和消费人数均呈现 50% 的高速增长，年轻用户成为这一市场的消费主体。

细化定位，瞄准蓝海

ffit8 的成功不仅在于它深度挖掘了市场所需，满足了年轻群体所好，还在于它极度细化地定位了产品属性，明确了未来的发展方向。

（1）突破起点圈层，延伸消费场景。ffit8 用自身"优蛋白、低糖、优脂"的特性突破起点圈层，将健康理念扩散到需要补充优质蛋白的年轻群体，以此升级了"年

轻人的第一根蛋白棒"的品牌理念。

（2）借国潮新风。在国潮国风日益火爆的 2020 年，ffit8 以"专为国人打造"的口号为自己增添了符合潮流的发展动力。

（3）无创新，不年轻。ffit8 非常清楚客户群体对创新的青睐程度，所以对蛋白棒产品进行了芝士味、巧克力味、曲奇味等丰富口味的创新，从而将自己与其他代餐食品区别开来，将消费场景延伸到了零食领域。

新媒体时代绝对不可小觑小众品牌，小众的 ffit8 通过对市场、圈层的独到理解，重新定义了国货代餐食品市场，融入了大众生活。

第 8 章

Z世代的社交习惯与购物法则影响品牌的未来

商业时代无论如何发展都不能忽视年轻的消费群体，而当下商业时代的主导者恰恰是年轻的Z世代。早在2018年，各大企业、各大品牌就开始将发展中心放在满足Z世代的心理需求之上，然后不断总结营销方法论，不断细致分析Z世代的生活、社交、消费习惯，力求从这个群体中挖掘出潜在的蓝海市场。

2020年之后，Z世代的生活动向已经成了商业发展的重要参考，而在社交电商流行的今天，Z世代的社交习惯与购物法则更成为决定品牌未来的关键因素。

01 社交电商成为 Z 世代生活中不可或缺的要素

经历了互联网时代、移动互联网时代、新媒体时代发展的我们，已经对商业发展有了无数感悟与认知，但回想起这些时代中的过往时，我们可以发现商人可以大致分为两类：一类"跟随并被同化"，另一类则"开创并引领着"。

笔者有过"跟随"的经验，也有幸体验过"引领"的感觉，认真思考过往的经历，真实地认识到所谓"被同化"不过是跟随他人的脚步，改变自己的节奏；而"引领"则是开创商业趋势，带动他人跟随。

两者的区别在哪里？对环境、人群的分析、理解是否到位。任何时代商人经商的过程都可以被视作寻找主力消费群体的过程，那么当下的主力消费群体是哪些人？

Z 世代成长于互联网、移动互联网蓬勃发展的时期，活跃在以社交互动为主的新媒体时代，其生活习惯、消费主张时刻拨动电商发展的神经。

年轻人的生活环境、行为习惯时刻发生着变化。品牌想要获得年轻人的认可，必须与时俱进。目前，Z 世代表现出的主要特征是"移动"，这种移动不会局限在身体上，更多体现在思维与认知上。

他们习惯于随时随地通过各种网络途径获得有趣的信息，但这并不代表 Z 世代喜欢长时间沉浸于网络当中，因为现实生活中丰富新颖的元素可以带给他们更多的满足感。

想要讨得 Z 世代的欢心，品牌首先需要认清自己，明白自身对于 Z 世代消费者而言，代表的意义，展现出来的价值。可以是生活上的便捷帮助，个性化性格的凸显，也可以是全新知识的触达，颠覆思维的触动，总之品牌首先要把自己变成 Z 世代的一分子，之后才有可能打造赢得 Z 世代青睐的发展战略。那么什么才是打破品牌与 Z 世代之间隔阂的有力工具呢？

当然是社交电商。因为社交电商就是从 Z 世代的生活习惯衍生出来的全新电商模式，并且已经渗入了 Z 世代的生活细节中。

目前，社交电商表现出以下几点特性，了解了这些特性，品牌才能够通过社交电商高效触达 Z 世代消费群体。

1. 传播性

新媒体时代到来后，人人都是信息的传播者，且人人都可以成为话题的创造者，"不出家门便知天下事"已经成为一种生活常态。在这种生活状态下，品牌的商业策略、商业行为可以实现消费群体内部的自发传播，只要是 Z 世代感兴趣的内容，都可以表现出强大的传播特性。

这也是社交电商的魅力所在。因为新媒体时代的信息传播是双向传播，传播过程中互动性非常强，受众群体很容转化为传播群体，品牌价值也在这一过程中通过裂变产生质变。

2. 轻

新媒体时代是一个"轻时代"，这一特性在 Z 世代的生活中表现为轻松、轻盈、轻便。

一部手机轻便出门，消费购物无限制脚步轻盈，大千生活百态轻松体验，这就是 Z 世代当下的生活状态。而社交电商完全契合了这种生活方式，甚至助推了这种生活节奏。

例如，2020 年新冠肺炎疫情期间，"云聚会""云举杯"等活动频频出现于各大自媒体平台，Z 世代更是乐在其中，不断为这种生活方式买单。

3. 快

由于实时性、触达快的特点,社交电商创造了无数商业纪录。例如,李佳琦 5 分钟卖出 15000 支口红就是在社交电商模式下产生的。

一条短视频,一段文案,通过自媒体平台,在头部大 V、KOL 的推动下都可以瞬间传达到消费者面前,之后产生的商业价值不可估量。

4. 多元化

相对传统电商而言,社交电商表现出多元化的特性。品牌可以根据消费者的需求、兴趣、关注点选择文案、图片、短视频、直播等各种形式输出内容。同时单一渠道也有多元化的展示方法。

例如,短视频种草就有剧情、搞笑、测评等多种形式,这也贴合了 Z 世代生活需求多元化的特点。

5. 全面化

相比传统电商而言,社交电商发展过程中遇到的限制更少,目前各个领域都可以通过社交电商进行品牌塑造,实现商业引流。

例如,传统电商时代饭店、酒店等行业通过电商渠道引流会因地域产生各种限制。但社交电商中探店、吃播等各种方式可以轻松实现这些行业的电商转化。

了解了社交电商的这些特性,品牌发展才能够巧妙借助其力量。那么 Z 世代对社交电商的关注点在哪里呢?

首先,人设 IP。因为社交媒体已经成为 Z 世代的生活中心,他们希望看到的商业品牌是有性格、有特点、有人设的,而不是单纯的广告。

所以商业品牌要表现出年轻的态度,才能与 Z 世代产生交流,之后才能输出品牌个性、品牌价值。

其次,千万不要把社交电商的重点放在 Z 世代的钱包上。因为 Z 世代虽然年轻,但却是对现代网络技术了解最深入的消费群体,在社交消费过程中,Z 世代会思考产品的性价比，会关注品牌的态度、性格，之后根据自己的好感度激发消费欲望。如果企业、商家过于表现产品价值，而忽略了品牌文化与品牌个性，则在 Z 世代眼中产品性价比会大幅度降低，转化效果非常有限。

那么 Z 世代在面对社交电商时有哪些特点是需要品牌重点关注的呢？

1. Z 世代的互联网认知非常全面

因为 Z 世代的成长时期与中国互联网发展高峰期相吻合，所以这个群体对互联网的认知非常全面。如图 8-1 所示，国内互联网的发展与 Z 世代的成长保持着同步。

2. Z 世代的文化认知呈现多样性

Z 世代的成长伴随着国内外文化的相互交融，相互激荡，层出不穷的文化特点让这个群体的文化认知呈现出多元化、多样化的特点。

3. Z 世代拥有丰富的性格特点

相比 X 世代和 Y 世代而言，由于生活元素的丰富、生活方式的便捷，Z 世代表现出了更加丰富的性格特点。例如，他们与智能手机形影不离，习惯于通过互联网获取信息；他们自我意识和个性比较强，兴趣爱好广泛，他们喜欢的明星或者 IP 很容易唤起他们的消费欲望等。

基于以上特点，社交电商在走近 Z 世代的过程中要不断弱化自己的商业属性，深度结合 Z 世代喜欢的社交方式，充分了解 Z 世代的行为、思想，只有这样才能够实现自身的商业价值。

第 8 章
Z 世代的社交习惯与购物法则影响品牌的未来

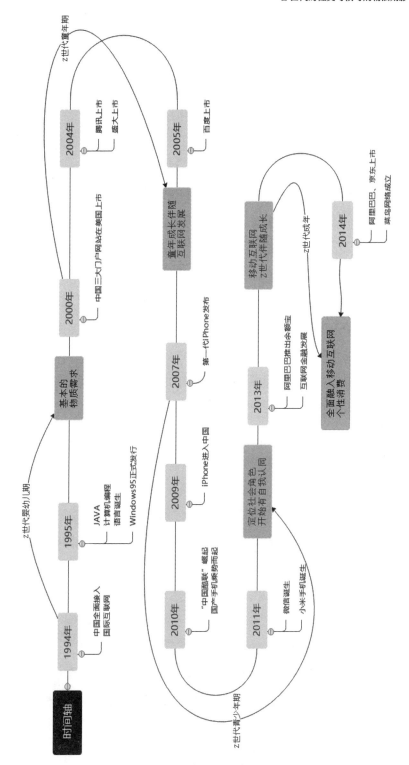

图 8-1 Z 世代与国内互联网发展节奏保持同步

02 线上社交与宅经济共同影响消费习惯

2020年国庆节假期,"95后首次成为国庆出游主力"的消息登上各大搜索引擎热搜榜,年轻的消费群体已经开始主导当代消费市场的多个领域,Z世代开始展现出强大的消费实力。

在大众眼中Z世代拥有哪些特色?

宅,却爱好社交,充分运用新媒体时代独有的生活元素,对生活进行重构。不得不承认,自媒体平台上诞生的社交互动模式衍生出了新社交方式,在快递、外卖的蓬勃发展下,宅经济被不断"催热",新消费习惯也被养成。

商业品牌要想在这一消费群体中获得新生,先要读懂年轻人的消费习惯。

1. 网格时代出生的Z世代,对待社交电商十分谨慎

对于企业、商家而言,打通年轻消费群体的商业渠道的确是社交电商,但这并不代表社交电商可以轻易获得成功。网格时代出生的Z世代从小就习惯运用网络科技产品,他们的生活方式中早早就融入了线上社交。例如,对于80后、90后而言,怀旧产品可以是游戏用的牛皮筋、沙包,但对于Z世代而言,属于他们的怀旧产品就成了某一代科技产品。

千万不要认为在这种环境中成长起来的年轻人行事风格过于大胆,事实上当代年轻人远比我们想象的要谨慎。英国《泰晤士报》在采访政府的首席科学顾问Mark Walport时就提出过这样一个问题:X世代、Y世代、Z世代哪个群体更为保守?

Mark Walport 毫不犹豫地回答是 Z 世代，因为他认为现在社交媒体和宅经济让 Z 世代很少有机会参与到传统意义的危险行为当中。

Z 世代早已习惯了数字科技带来的时代变革，科技带来的生活改变可以激发他们的兴趣，但不能带给他们长久的兴奋感，所以在消费习惯上，Z 世代也偏重谨慎的风格，不会轻易因为传统的商业信息产生消费欲望。

2. 信息接收能力强，信息渠道拓展能力更强

Z 世代拥有极强的信息捕获能力，但同时 Z 世代也有极强的信息渠道拓展能力，他们可以通过社交媒体关注、探讨某一品牌、某个产品，之后拓展多种渠道来购买商品。在这些渠道中，Z 世代首选的不是企业、商家给出的宣传渠道，而是偶像代言、KOL 推荐以及志同道合的朋友的分享。

这种消费习惯表明，数字化成长环境使 Z 世代拥有强烈的自我意识，更愿意通过自主主张来衡量品牌价值，同时这也表明他们会选择理性与谨慎的消费方式。

3. 线上社交塑造了 Z 世代多维的价值观

在 Z 世代的消费习惯中，无论线上消费还是线下选购，对于他们而言只是渠道的不同，不会因为习惯科技软件的使用而忽视线下渠道的消费体验感。同时他们对新鲜事物有更好的认知，所以在线下消费过程中，新事物带来的体验感可以让他们产生更多的消费欲望。

例如，喜欢在小吃街搜寻传统美味的大多是 X 世代与 Y 世代，但勇于尝试、体验一些新兴口味、奇葩美食的大多是 Z 世代。

4. Z 世代注重品牌与自身的关联性

由于 Z 世代线上社交时长占比更高，所以他们更喜欢有互动，能与自身结合的品牌。

例如，Z 世代通过直播购物不仅看重商品自身品质，更注重直播间的氛围，只

有他们认为有趣的气氛才能激发自己的购物欲望。

另外，Z世代认知的品牌关联性不是品牌带自己进入了哪一圈层，而是品牌文化、品牌内涵与自己的精神需求是否相吻合，能否反映出自己的消费主张。

简而言之，Z世代喜欢属于自己的品牌，但不喜欢自己属于品牌的目标群体。

时代的改变为企业、商家的发展带来了更广阔的信息空间，重新定位新一代消费群体的消费习惯，已迫在眉睫。Z世代虽然年轻，但消费思维却十分成熟，影响他们消费的不仅是产品的品质，更是Z世代自身获得的真实体验，与Z世代产生共鸣，是解析他们消费习惯的关键。

那么，Z世代的消费习惯有哪些特点呢？

作为大众眼中"永远在线"的Z世代，他们已经学会了线上与线下生活的无缝切换，他们可以自由穿梭在数字世界与现实世界，不过无论在哪一个世界当中，他们都希望生活的一切元素都可以"按需"获取，方便他们掌控身边的一切。

1. 闲暇时光也有社交需求

在Z世代的生活中，线上社交占据了较多的时间，这也是他们打发闲暇时光的主要方式。如图8-2所示，超过七成的Z世代会将闲暇时光放在线上。

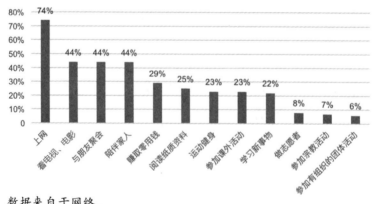

注：数据来自于网络。

图8-2 Z世代闲暇时光消遣方式的人数占比

这种生活方式看似毫无意义，但事实上 Z 世代通过闲暇时光消遣的方式完成了与家人、朋友的互动，找到了一些额外生活收入的来源，学习了新知识，接触了新事物，提升了生活的品质与工作的热情。

同时这也代表，Z 世代的闲暇时光，是品牌触达这个年轻消费群体的最佳时间段。

2. 自媒体平台是 Z 世代线上社交、宅经济的主要载体

如今移动设备已经成为 Z 世代生活中必不可少的工具，如图 8-3 所示，43% 的 Z 世代表示最常用的工具是智能手机，而笔记本电脑紧随其后，台式电脑已位居第三。

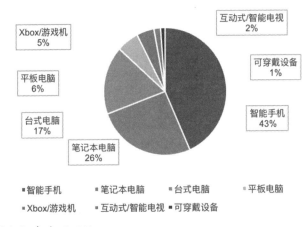

注：相关数据来自于网络。

图 8-3 Z 世代常用的智能设备占比

而 Z 世代智能手机中最常用的软件是以自媒体平台为主的社交软件。目前 Z 世代每天使用手机的时长大概在 5 小时左右，但单纯的购物时间占比并不高，他们更多的时间用于娱乐游戏、社交沟通，这表明企业、商家想要实现更多的商业价值，需要从这两个领域出发。

线上社交与宅经济对于商业品牌而言，不只是实现商业价值的渠道，更是品牌塑造、品牌发展的主要基地。因为在这两个渠道当中，Z 世代表现出了超高的活跃度，

线上社交推动商业模式的发展，宅经济促进品牌年轻化的进程，两者的结合恰恰决定了 Z 世代的消费习惯。

03 火星式社交的宝藏男孩与女孩影响品牌传播与消费模式

如果还有人不相信 Z 世代可以主导当下市场经济，我们不妨来回顾下 2020 年年初，阿里巴巴旗下钉钉软件"钉钉本钉，在线求饶"的鬼畜营销视频。

2020 年 2 月 16 日，我国正处于新冠肺炎疫情期间，钉钉成了当时线上办公、在线教育的主要软件，但同时钉钉遭受了大众联手打分，App 评分从 1.3 分直接降到了 0 分。而导演这场大戏的主要群体正是 Z 世代。

Z 世代在家上班、在家上课全部通过钉钉完成，抱怨的情绪全部发泄到钉钉上，于是这款性能齐全、效率高的软件差点被强制下架。面对这种状况，钉钉才上演了"求饶"大戏。

笔者前面说过，Z 世代不仅有独特的思维方式，更有独特的语言方式。他们认可的营销，一定是专属这个时代，迎合年轻群体的。钉钉就采用迎合 Z 世代胃口的营销方式扭转了局面，更在一个月内疯狂涨粉 100 万。

钉钉这次"求饶"式品牌营销成功的另外一个原因在于选择了正确的投放平台。

在"双微一抖"流量逐渐触顶的 2020 年，B 站成了商业品牌开辟新营销渠道的主要选择。因为与抖音、快手相比，B 站最大的特点在于它是国内目前最大的 Z 世代聚集地。

既然这一"事件"是由 Z 世代发起的，那么钉钉非常清楚"解铃还须系铃人"，选择 B 站作为"求饶"营销内容的投放平台才能够取得最好的效果。企业、商家要学习钉钉的营销思维。首先思考营销的主要目标群体，之后定位这一群体聚集的平台或圈层，进行短距离全面营销，这样营销效果才能突出。

那么，面对 Z 世代，企业、商家应该如何进行品牌推广呢？我们又如何打造 Z 世代喜欢的火星式社交语言呢？

以刚刚提到的 B 站营销为例，企业商家可以选择两种方式进行操作。

①与平台 UP 主合作，进行绑定营销。

②以品牌身份入驻 B 站，进行官方宣传。

第一种方法需要品牌根据自身定位，选择适合的 UP 主，这样才能实现绑定营销；第二种需要品牌拥有良好的内容产出能力，能够完成吸粉与推广。对于一些小众品牌或发展中的品牌而言，第一种方式更适合，投入少、风险更小。

B 站是一个社交平台，其商业属性一定是建立在社交之后的。品牌与 Z 世代不是冰冷的买卖双方，而是有共同语言的朋友，在品牌营销过程中，品牌要通过平台特色发掘 Z 世代的兴趣、爱好等，用年轻人的思维，才能够讲出年轻的话语。Z 世代不容易被传统营销模式所打动，他们更喜欢现在流行的营销模式，主要有以下几种。

1. 年轻化营销

据权威网站统计，在 2019 年 40% 的 Z 世代会直接无视传统模式的广告营销。因此，品牌必须选择植入、隐形的方式进行营销。在不同的平台，企业、商家需要探索不同的品牌宣传方式，比如网剧中的无痕植入、对产品进行剧情式设计推广等，总之轻松、有趣的方式才是年轻人愿意接受的品牌宣传方式。

2. 创意性营销

2020 年国庆、中秋双节前后，中国出现了数十场大大小小的无人机表演，点燃了大江南北的天幕，夜空下震撼、恢宏的光影盛宴不仅增添了节日氛围，更吸引了无数人的关注。

同样是 2020 年国庆、中秋双节前后，故宫在各大社交平台推出了一项主题文化展活动，穿越千年的文化遗产展现在大众面前，故宫艺术宝库被深度揭秘。在这场活动的带动下，传统文化再次受到年轻人的重视，经典文化源远流长。

无论是无人机表演，还是故宫文化展，都属于新颖、猎奇、有趣味的营销方式，它们以创意性吸引了无数人的关注，更赢得了Z世代的认可。

针对Z世代群体的营销推广，遵循着吸引、认知、体验、认可的闭环流程，在这条完整的营销链上，每一个环节都需要融入创意，让Z世代产生体验感，让他们感觉时尚、有趣，这也是品牌年轻化的表现，是品牌在这一群体进行渗透的正确方式。

3. 一对一方式

Z世代相比其他群体不喜欢一对多的群体营销，更青睐一对一的精准营销。笔者强调过，Z世代注重消费体验感，一对多的营销模式会被其直接忽视，而一对一的营销互动性更强，体验感更到位，所以这种方式更受Z世代欢迎。

中国拥有全球最大的Z世代群体，且这一群体表现出的消费活跃性远超其他国家，他们的审美决定了潮流的趋势，他们的品牌观点对企业、商家的品牌发展产生了深远的影响。

1. 品牌已经从精神象征变为社交的工具

纵观Z世代的消费状态，不难看出大多数Z世代的消费动机与消费渠道都来自社交平台。企业、商家要想实现品牌年轻化，推动品牌覆盖更多的年轻群体，就离不开自媒体平台的运作。

商业品牌在Z世代眼中有了新的定义。首先，Z世代对传统大牌的忠诚度不断降低，他们更热衷于追求小众化品牌。所以品牌必须转变自己的角色，让自己具备更多的社交属性，不再是高高在上的精神象征，而是要平等地融入消费者中。

品牌首先要彰显自己的个性，树立起良好的人设，从推广产品变为情感表达，与Z世代互动、交流，拉近与Z世代的距离。

2020年，钉钉在社交平台上推出了"宝藏男孩出道"的创意短视频，视频中程序员不再是"格子衫"的工作装，而是青春气息十足的短裙和蝴蝶结衬衫，以女装形象引发网友热议。

有些网友认为，钉钉的营销视频太过"辣眼"，看似有创意，但却是营销过度的表现，也有网友认为视频新颖有亮点，做了自己想做却不敢做的事。

其实，无论这次争议双方谁赢谁输，结果对于钉钉而言都不重要，因为营销的效果已经达到，这就是钉钉将品牌化身为社交工具的营销方式。

2. 从品牌潮流化走向品牌内容化

既然品牌在自媒体平台上已经变为社交工具，那么它就可以放弃无休止追求潮流元素的发展方式，转而塑造品牌话题，创造更多能传播的内容，引爆Z世代群体。

前面我们分享了大白兔奶糖与气味图书馆的跨界合作，现在再提一提老干妈卫衣、大白兔唇膏等国潮新品。

现代品牌追求潮流的确是塑造年轻品牌形象的方式，但并不是唯一方式，尝试给自身品牌赋予更多内容，进行颠覆式跨界，往往可以更受Z世代的青睐。因为品牌的未来取决于这些"宝藏男孩""宝藏女孩"对社会的影响。他们对品牌的选择动机已经从"认同品牌"转变为"在品牌中寻找自我"，如果品牌不能创造更多内容，这些消费者从中寻找不到他们需要的东西，他们自然就不会传播和分享该品牌，品牌的成长就会变得很艰难。

04 年轻化是生活方式与内容诉求的集合体

在新媒体时代,谁得到 Z 世代消费群体的青睐,谁就可以赢得未来,这是大家早已达成的共识。在这个共识下,哪怕是历史悠久的老字号,都不断追求着品牌的年轻化。或跨界创新,或成立新潮牌,但无论哪种方式都在诠释一个道理:谁能够得到 Z 世代的青睐,谁就能够赢得未来。

但是,目前很多品牌的年轻化塑造并不成功,因为大多数企业、商家将年轻化放在了品牌的表层之上,如同一位老者突然换了一套年轻的服装,用生硬的网络语言与 Z 世代打着招呼,这种"尬聊"会显得不伦不类。

那么在对待商业元素的态度上,Z 世代在生活方式与内容诉求上是如何表现得年轻的呢?

1. 品牌可以老成,但是形象必须年轻

以广州各条小吃街的消费现象为例,Z 世代喜欢热闹的氛围,更喜欢美景与美食的结合。

顺德美食是粤菜的经典代表,央视的《寻味中国》中就专门有一期"寻味顺德"。2020 年国庆节期间,火爆异常的顺德小吃店均是有主题、有年轻氛围且在自媒体平台进行过推广的网红小店。

这些小店把年轻化的特点做到了细节当中。例如,美食的滋味虽然经典,但名字却年轻时尚。桑拿鱼、大良蹦砂、伦敦糕等特色美食倍受 Z 世代欢迎。这些美食

的颜值也是店铺打造的重点，从造型到摆盘，都充满了浓浓的现代气息。

对于 Z 世代而言，品牌的年龄并不重要，但一定要具备年轻的态度、年轻的形象，极致的消费体验才是 Z 世代消费的重点，他们希望品牌有年轻化的形象，有个性化的表达，在消费过程中他们更希望获得享受感。

2. 颜值是首选要素

Z 世代的爱美之心远超前几代人，如果品牌仅仅体现年轻化，但产品颜值不达标，Z 世代依然不会重视。

2019 年，全国酒店行业就 Z 世代选择的酒店类型进行了排名，获得第一名的是主题酒店。当然，主题酒店并非指单纯的主题融入，Z 世代喜欢主题元素融入酒店设计的方方面面当中，比如酒店的壁纸颜色、屋内的香薰味道、雾灯的灯光搭配、家具的设计摆放等。

对于 Z 世代而言，酒店不只是一个外出休息的地点，更是一场旅程品质高低的决定性元素，而酒店的颜值就是选择的重点。

所以，商业品牌的年轻化要从产品的颜值细节出发，多融入现代创意，实现产品年轻化的全面转变。

3. 注重细节

说到 Z 世代的生活品位，他们可以被定义为注重细节的小资青年。因为相比其他世代而言，Z 世代成长过程中的生活条件明显优越，在消费过程中，Z 世代会通过细节来评定产品的优劣，也会通过细节来定义产品、品牌是否年轻。

可以说 Z 世代不仅拥有小资情调，更不断点亮着小资生活。

4. 品牌需要表现年轻人的力量感

大家都清楚，Z 世代营销是一个分析年轻人消费心理，挖掘年轻人痛点，之后给出解决方法的过程。但很多人忽视了这样一个重点，对于 Z 世代而言，产品有趣才更有吸引力。

以经典国民品牌百雀羚为例，作为注重产品功用、效果的老牌化妆品品牌，百雀羚前些年对 Z 世代产生的吸引力明显不足。

2017 年，百雀羚用一部《一九三一》创意长图广告刷屏各大社交网站，将年轻化的态度迅速传达给大众，也掀起了网友的好评热潮。之后，百雀羚又推出了《三生有幸遇见你》《植物学家走失》《时光宝盒》《疯狂购物车》四支创意长图广告，不仅全面树立了自己品牌年轻化的形象，更掀起了一股长图广告热潮。

这就是 Z 世代喜欢的营销形式，也是 Z 世代认可的品牌年轻化塑造方式。在这场品牌年轻化塑造活动中，百雀羚依然主打自己原有的东方美的形象，但却演绎出了年轻的态度，简短有力，同时独具力量感，也带给 Z 世代十足的冲击感。

5. 品牌年轻化，产品必须突破壁垒

品牌年轻化的塑造，最忌品牌年轻、产品老态不变。这些也是很多企业、商家品牌年轻化塑造失败的关键点。目前，很多企业、商家投入大量资金在品牌创意宣传、营销之上，但产品无丝毫变化，导致品牌虽然触达 Z 世代，却不能得到这个群体的认可。

2019 年，故宫开始在各大社交平台推广故宫的经典文化。例如，太和殿广场的地砖虽然表面上已经坑坑洼洼，但蹲下来就可以看到，整个广场经历了 600 多年的岁月侵蚀，依然平坦如初。

另外，故宫还对明清皇家文化、文物历史故事进行了推广，这种有趣味、有体验的传播方式很快获得了 Z 世代的认可，这也是现在很多人到太和殿广场蹲着拍照的原因。

事实上，故宫很早以前就开始在各大零售电商平台出售经典周边产品，但在年轻人眼中这些产品太过严肃、古板，效果当然不佳，而当故宫结合 Z 世代生活方式与内容需求之后，找到了年轻人喜欢的时尚表达方式，把经典元素塑造得新颖、有趣，在这种宣传营销下，来故宫的游客不断增多。

品牌年轻化的塑造可以以宣传渠道、营销方式为主，但一定要有年轻产品作为品牌的载体，这样才能够获得 Z 世代的认可。

6. 用品牌理念触达 Z 世代的生活需求

品牌年轻化塑造要巧妙结合年轻人的生活方式，多从生活需求出发，表达品牌的年轻态度。

2018 年，亚朵酒店联合虎扑、QQ 超级会员、同道大叔、日食记、果壳网、差评、穷游、花加、网易漫画九大品牌召开自己的品牌升级发布会，正式对外公布了亚朵全新的品牌形象。

发布会上亚朵创始人兼 CEO 耶律胤讲道："智能时代能够给人类带来温暖，并且给我们带来无限畅想的未来，亚朵新空间就是要把品质和智能聚合起来，打造新中产的品质生活的入口。"

这意味着亚朵的新品牌致力于将一个住宿品牌打造成一种年轻的生活方式。在这场发布会中，亚朵还与九大品牌联手，举办了一场"亚朵奇妙夜"活动，由专业设计师设计打造了九个不同风格的主题房间，并邀请粉丝试住，这也是亚朵新产品的形象宣传。

亚朵的品牌转型是用年轻人的生活方式打动年轻人的过程，在这一过程中巧妙实现了品牌年轻化的转变。现代品牌年轻化的塑造，可以学习亚朵的转型经验。多从 Z 世代的生活方式入手，寻找品牌在这种生活中可以出现的位置。如果找不到这一位置，就思考自身应该如何改变，来融入 Z 世代的生活当中，也只有在 Z 世代的生活场景中定位自己，才能够更快速地触达这一群体。

案例拆解：解读王饱饱品牌的登顶之路

2020年4月，新冠肺炎疫情冲击全国商业市场，很多企业的发展面临严峻考验，但创新消费品牌王饱饱却完成了近亿元的B轮融资。这则消息让低迷的国内市场品味到了一丝别样的味道。

一家2018年5月上线淘宝平台的食品企业，只用了不到一年时间，就击败了行业大牌桂格与卡乐比，拿到了天猫燕麦品类销量第一的成绩，年销售额暴涨20倍，它究竟是何方神圣呢？

2018年，中国休闲零食市场规模超过1万亿元，同比增长11.8%，在饮食休闲化的发展趋势下，代主食与零食销量疯狂增长。就是在这样的大环境下，王饱饱应运而生。

从2018年的市场发展格局来看，原生态、低脂肪、低热量的健康休闲食品开始抢占市场，传统高糖零食逐渐被取代。在Z世代的引领下，大众饮食习惯逐步向健康化靠拢。年轻客户普遍认为零食不仅要方便、好吃，健康、养生也是必须考量的重点。于是王饱饱品牌创始人姚倩抓住了市场发展的契机，通过全面市场调查，精准定位到了营养、健康、不易发胖的燕麦产品领域。姚倩相信在不久的未来，麦片将成为18～28岁女性的消费新宠。

经过一系列品牌打造与产品研发过程，2018年5月王饱饱正式上线淘宝平台。首月销量突破了200万元，2018年"双十一"活动中更是获得了单日300万元的销售额。短短六个月的时间，王饱饱天猫旗舰店的粉丝增长到了23.5万人，王饱饱的品牌开始活跃在各大自媒体平台。

截至2020年，与王饱饱合作的网红达人已经超过了200位，品牌粉丝量多达4000多万人。那么王饱饱是如何从行业新秀成长为快消品牌的呢？

满足客户需求，创造客户需求

大家可以看到，品牌的崛起必须在深度满足客户需求的前提下进行个性创新。

王饱饱的品牌发展同样遵循这一理论,只不过王饱饱创新的不是品牌个性,而是客户需求。

最初,姚婧选择以麦片品类切入年轻女性的市场,主要是因为在自媒体账号运营的过程中,她发现现代年轻女性的消费能力在高速增长,而消费领域大多针对高颜值与减肥瘦身。随后姚倩对食品行业进行了全面调查,最终确定麦片是一个非常适合塑造品牌的商品品类。且截至2018年,高品质的国产品牌麦片一直是市场空白,国内大部分麦片市场被卡乐比、桂格长期霸占。

基于这一背景,姚倩开始思考满足年轻女性需求的方法,思考挖掘客户新需求的方式。

姚倩在对麦片市场进行调查时说过:"我们买来市面上各式各样的麦片产品,既有知名品牌,也有小众品牌。由此发现,国内市场上售卖的麦片主要有两类:一类是西式的裸燕麦,另一类是日本卡乐比这类把麦片膨化过的产品。西式的传统麦片不符合年轻人的口味,膨化类麦片吃了又容易上火。"

所以对于姚倩而言,麦片市场还存在一定的空白区域。

姚倩带领团队对各种速食燕麦的配方进行分析比对,最终在原有基础上又研发出了100多种配方。之后姚倩将这100多种配方投入生产,再经过层层筛选最终确定了4种。

为了确保这4种配方可以深度满足客户需求,姚倩利用自身运营美食自媒体账号的优势,邀请粉丝试吃各种产品,最终通过用户口碑确定了产品的主要类型。

由此开始,王饱饱的品牌正式确立,通过基础粉丝群体的试水,王饱饱逐渐撬动麦片市场。

网红式发展,品牌式创新

在王饱饱品牌创立之前,姚倩经营的美妆、美食自媒体账号就拥有30多万粉丝。丰富的自媒体运营经验让姚倩非常清楚这一渠道的营销策略。

因为姚倩原有自媒体账号粉丝的属性与麦片用户的属性相同,所以姚倩为王饱饱制定的品牌发展策略非常清晰。经过详细的数据分析，姚倩确定了微博、抖音、小红书、B 站等自媒体平台为营销推广的主阵地，这些平台的用户多为年轻群体，王饱饱在这一渠道中积攒了强大的声量。

确定渠道之后，王饱饱又选择了与各平台头部大 V、腰部 KOL 交替营销合作的方式。2018—2019 年，王饱饱频繁出现在这些平台上，超高的品牌覆盖率让王饱饱逐渐深入大众心智当中。

真正引爆营销效果的其实并不是平台上的种草达人，而是用户口碑。当王饱饱在多个平台积攒了足够的声量之后，超高的用户口碑直接把王饱饱推到了网红爆款的高度，在这一过程中客户对品牌的记忆不断加深，品牌影响力从线上辐射到线下。

如果说，王饱饱采用了网红式发展模式，那么它成功的原因就是品牌式创新。姚倩为王饱饱定义的发展模式为"网红 + 社交 + 用户口碑"，这种模式不同于其他品牌的发展之路，它通过基础粉丝试水了解相同渠道的发展形势，从而避免了王饱饱在发展过程中出现各种试错行为，加速了王饱饱网红品牌的成型。

对此，姚倩还说过这样一段话："我们的团队是自媒体和电商出身，擅长互联网营销，对于年轻人喜欢的食品元素更有洞察。王饱饱麦片拥有稳定的供应链和独立完整的生产线，我们通过自媒体等多渠道并行收集用户粉丝对产品的需求，自主研发麦片配方，可以根据市场反应及时推新以及调整产品，实现快速迭代、柔性生产，并保障食品的质量。"

借助自媒体平台实现品牌发展的企业不在少数，但真正做出爆款产品的却寥寥无几；当代自媒体平台上的网红产品也不在少数，但真正成为行业品牌的却少之又少。

王饱饱就是一个个例，但它的成功又十分合理，因为它充分利用了自媒体平台资源，并打造了匹配度超高的营销模式，赢得了年轻女性的认可，获得了前所未有的发展能量。

2020 年之后，王饱饱开始大力发展线下市场。很多人对此感到不解，王饱饱线上市场发展良好，为何要急于发展线下市场？姚倩给出的解释为，王饱饱不是在做销量，而是在做品牌。

无论是线上还是线下，王饱饱始终是一个整体。线上平台是王饱饱的销售空间，线下市场是王饱饱的品牌载体，王饱饱大力发展线下市场的目的只有一个，拉近王饱饱品牌与客户的距离，让客户可以更轻松、便利地购买到王饱饱的产品。

事实上，当代大多数成熟品牌都在将销售市场进行线上与线下的相互融合，这种方式更贴近年轻人的消费习惯，更容易精准定位品牌粉丝。

为了再次拉近与客户之间的距离，王饱饱还在2019年玩起了跨界营销，这也是王饱饱发展线下市场的重要举措。

2020年，王饱饱携手国漫罗小黑，打造了国风CP产品大饱杯、挖饱勺、百饱袋等；之后又联合"大肆撸串"推出了大满足饱饱燕麦冰杯。通过多种线下活动打造更多品牌消费场景，让王饱饱拉近了和年轻人的距离，并且对品牌进行了从网红到潮流的转变。

王饱饱非常清楚，网红品牌想要获得长久的发展，仅依靠自媒体的运营是远远不够的。虽然品牌最初通过自媒体运营撬动了整个行业市场，但未来发展依然需要强大的品牌力加持。品牌力该如何彰显？在更多年轻用户中获得认可，在更多认可中获得更多关注，在更多关注中获得更强黏性，那么这个品牌就将成为引领行业发展的强大品牌。

案例拆解：开创传统中的潮流，看 Ubras 的崛起之路

2020年"双十一"活动过后，天猫平台服饰鞋包前十名的品牌中首次出现了内衣品牌，这就是 Ubras。据相关数据统计，Ubras 不仅挤进了天猫平台服饰鞋包品牌 TOP 榜，更战胜了南极人等经典品牌，成了 2020 年天猫"双十一"活动内衣销售榜的第一名。

这个于 2016 年创立的品牌是如何用四年的时间从平淡无奇到一鸣惊人的呢？下面，我们就来详细解析 Ubras 的崛起之路。

放弃传统观念，紧抓用户思维

Ubras 的创始人 Concon（钭雅前）在内衣领域内有十余年的管理经验，在她看来内衣的本质依然是功能性衣物，所以她认为从产品设计基础理念上解决用户需求才是主流发展方向。

所以 Ubras 创立之时就将提升女性内衣的舒适度与穿着感作为主要发展目标。在四年的发展中，Ubras 不断在做减法，不仅去掉了海绵、钢圈、蕾丝等传统文胸设计元素，还更改了罩杯和底围数的基础尺码理念，使用"S、M、L"来标识大小，这一系列的创新让用户在选文胸、穿文胸的过程中更加简单，更加轻松。

按需求创新，顺风向领跑

2020 年之后，Ubras 将品牌发展重点放在了女性的心理发展趋势上，通过诠释品牌价值引发用户情感上的共鸣。

（1）产品不仅要"舒适"还要"好穿"。在每一款产品发布前，Ubras 都会进行详细的市场调研，从用户体验到行业潮流，只为挖掘用户的需求。Ubras 的无尺码文胸主张"去掉束缚感""为舒适而生，为客户而生"，掀起了一股内衣销售热潮。

（2）极简思维下的市场领跑。2018 年 Ubras 推出"无尺码"系列内衣之后，就在不断向用户普及"像购买成衣一样购买内衣"的理念。在这种理念下，简约

Ubras大幅度减少了女性选购内衣不合适的问题，让销售也进入了极简体系。

由此可见，品牌的发展不仅在于提供极致的产品，还在于通过产品令用户产生归属感，一旦用户为品牌贴上"专属"标签后，品牌就可以引领市场风向，遥遥领先。

案例拆解：重塑产品美学，usmile 如何美到爆

2020 年 6 月，一篇题为《提前预定 618 榜首！usmile×大都会 150 周年这波跨界太戳了！》的文章刷爆朋友圈，usmile 这个被中国网友誉为牙刷行业最具美感的品牌，不仅在 2019 年"双十一"获得了单品日销超 10 万件的傲人成绩，更成了 Z 世代大爱的年轻品牌。为何 usmile 每推出一款新品都可以引发一波时尚浪潮，品牌在短短五年内成为人气品牌呢？我们来解读下 usmile 的爆红之路。

用艺术打造产品视觉体验

纵观 usmile 的全系产品，大家可以发现五年来 usmile 推出了七个系列数十款产品，每款产品都极具风格，艺术气息浓厚。可以说 usmile 的发展是在电动牙刷实用性与美感的平衡点上前行的，它设计的每一款产品都成了颠覆行业美学的典范。

usmile 的品牌主张贴合了当代年轻客户的品位，它年轻的态度与 Z 世代喜欢打破现状、追求自我、追求高颜值的态度完全契合，强烈的色彩碰撞带来了强烈的视觉冲击感。

用温情打造全新产品体验

usmile 的初代产品 U1 之所以火爆，就是因为它表现出了与市场差异化的风格。与传统电动牙刷的工业风格不同，usmile 在高颜值的基础上更加注重用户体验，圆润无棱角的手柄提升了握感，壁挂式设计便于牙刷的清洁与收纳，一次充电六个月巡航的电池设计提升了用户的使用便捷性。

因此，usmile 的美学不仅表现在外表之上，它的美更注重内涵，从用户的真实需求出发，让产品更有温情，让品牌更有价值，让用户更加青睐。

用创新颠覆传统定义

事实上，电动牙刷最早是从欧美流传到中国市场的，且是以医疗器械的"身份"

进入的。所以，截至 2020 年，这一行业中大多数产品的设计风格都偏医疗风。

直到 usmile 的出现，这种定义才被全面颠覆。usmile 从视觉、触觉的角度开创了全新的风格，从而吸引了年轻群体，改变了用户的消费行为。大家可以发现，优秀的品牌往往敢于颠覆传统，即便产品只是一件最常见的生活用品，通过创新同样可以令用户获得更多美好的体验，这就是 usmile 在电动牙刷行业中创造的发展机遇，也是这一品牌勇于打破同质化发展格局，促使消费群体重新审视市场的出彩之处。

后记

年轻化正当时，我们都在路上

对年轻化的探索，我们从未止步。任何时代，都存在几代人的消费需求差异化的情形，时刻思考如何设计与生产出更适合消费者的产品，才是品牌正确的发展思路。

这本书，从构思到写作成型，耗费了很长的时间，也凝结了很多人的心血。2020年，突如其来的新冠肺炎疫情影响了人们的生活和工作方式，也正是在这样的背景下，我开始在抖音账号上发布长视频，并在粉丝的鼓励下，于2020年7月在上海举行了第一次BY（BeYoung）年轻化研修班，并推出了BY校歌《我要火》，成立了BY年轻化实验室。有了第一次，自然就有了持续的课程，截止到2020年12月，BY研修班已经成功举办了5期，BY年轻化大会也举办了两届（分别在上海和广州）。

年轻化这个理念，就像是一粒火种，在广袤的商业草原上燃起了大火。BY年轻化实验室的受众不断扩大，从中小创业者到诸多爆红的年轻化品牌，都纷纷与BY年轻化实验室产生连接。年轻化的理念已经逐步深入年轻创业者的心中，那些传统的品牌自然快步跟上。

说实话，BY年轻化实验室还非常稚嫩，它刚刚出生，还在适应整个商业社会的逻辑与规则。但BY年轻化实验室一点儿也不弱小，因为它得到了众多创业者的支持，得到了众多网红品牌的青睐，也得到了投资人的关注，它的未来可期。

所以，参与 BY 年轻化实验室的我们，以及众多参与过线下、线上课程的学员们，都正在路上，都正在成长。年轻真好，市场需要年轻化。

在此，我要感谢为这本书出版面世付出努力的各位，要感谢为本书提供数据支撑的 QuestMobile 的《QuestMobile 圈层经济洞察报告》（2020.8.12），要感谢为本书推广付出努力的 BY 年轻化实验室的管理者们，感谢本书编辑及策划者的辛勤付出！

郭鹏
2020 年 12 月于上海